フィギュール彩 ㉕

USA: 50 YEARS OF LOST DREAMS
HIROSHI TSUCHIDA

アメリカ50年 ケネディの夢は消えた?

土田 宏

figure Sai

彩流社

はじめに

二〇一三年一一月二二日は第三五代アメリカ大統領ジョン・F・ケネディ暗殺五〇年の節目の日だった。この日の午前、生憎の雨と異常な寒さのなか、暗殺現場だったダラス市ディーリー広場で、市主催の記念式典が挙行された。全米、いや全世界から多くの人々が参集した。これまでの記念式典は暗殺事件の公式調査の結論を認めない団体が執り行ってきたのだが、今回は初めて「大統領暗殺の街」との悪名を持つことになってしまった市政府が他の団体を完全に排除し、参列者を選抜して挙行するという特別な追悼式典となった。

しかし、その内容は純粋に凶弾に倒れた大統領を追悼するというよりも、むしろダラス市が、あるいはその市民が、暗殺の暗い記憶から抜け出し、新たな道を歩み出していこうとすることを強調するものだった。

事件後五〇年もの間、この日を意識して出版界や放送界などのマスメディアが様々な企画をし、あいまいな形で処理されてきた真相を究明しようと努力してきたことと比べると、ダラス市が主催した式典は異様な感じがするものだった。

だが、五〇年間も、暗殺現場として記憶されることになってしまった悲しみを乗り越えて、新しい一歩を踏み出そうとするダラス市の試みは、ケネディ大統領の信念と相通じるものがあるのかもしれない。ケネディはその政権の標語だった「ニューフロンティア」が意味しているように、現状から一歩外に抜け出し、新しい世界に向かっていくことを求めていた。

「フロンティア」ということばを文明が自然を駆逐していく最前線としてとらえ、その最前線がもはや存在しない、つまり「フロンティアは消滅」したと歴史学者フレデリック・ターナーが一九世紀末に彼の論文「アメリカ史におけるフロンティアの意義」で唱えて以来、アメリカにはフロンティアは存在しないとされてきた。自然を駆逐した文明がアメリカ民主主義であり、その文明の根底にはアメリカ国民の自国文化への強い信念と荒野を耕作地や住宅地に変えていく強い精神（フロンティア精神）があったというターナーの学説は、第一次大戦、そして第二次大戦を引き起こした世界にあるべき姿を提供する唯一の国としての満足感、そして二つの大戦の「戦間期」の繁栄と第二次大戦後、つまり一九五〇年代の経済的な発展に大きな満足感を国民たちに植え付ける基盤となった。

「アメリカン・ドリーム」や「アメリカン・ウェイ・オブ・ライフ」ということば、あるいは「中産階級社会」ということばが持て囃されたように、アメリカは十分に満足すべき理想の国となった。それが国民一般の認識だった。

その認識に対して、まだ「フロンティア」は残っていると言ったのがケネディだった。国内的には黒人を中心とする人種差別問題、豊かさの陰に見えなくなってしまっている貧困問題、「働かざる者、食うべからず」的な国民感覚から生じる老人および弱者問題、そして国外では根強く続く「冷戦」のために真の平和からかけ離れた状況が続いている。ケネディはそのような現状に満足してはならない、と国民に訴えたのだった。

現状を抜け出して新しい理想社会を作り出さなければならない。ヨーロッパでの悲惨な現実を抜け出して、何とか自分たちの理想とする社会を作ろうと努力してきたのがアメリカ人たちだったのだから、自分たちもその子孫として、より理想的な社会や世界の建設のために新しい一歩を踏み出そうと主張したのがケネディ大統領だった。

自分たちがこの地球上に生きている間には終わらない仕事かもしれない。でも、まず一歩を踏み出そうではないか、と彼は一九六一年の就任演説で訴えた。

ダラス市が五〇年間も苦しめられてきた「暗殺の街」という怨念から抜け出し、明るい希望のある街として第一歩を踏み出すという決意をしたことは、この街の一角で四五年の生涯を閉じることになってしまったケネディ大統領を追悼する式典には、むしろ相応しいことだったのかもしれない。

そんなケネディが在任中にもっとも精力を傾けたのが特に南部における黒人差別問題の解決だった。二〇〇八年の大統領選挙にバラク・オバマが勝利し、史上初の「黒い肌」のアメリカ大統領になったことで、ケネディの努力はここに報われたことになる。そして、アメリカはひとつの大きなフロンティアを乗り越えたことになる。つまり、アメリカは新しく生まれ変わった。

だが、この五年間のアメリカを見る限り、本当にアメリカは生まれ変わったのか、という疑問に直面せざるをえない。ケネディが言ったような理想社会、理想的なアメリカは生まれたのだろうか。ケネディが呼びかけた「新しい一歩」は結局何を生み出したのだろうか、あの呼びかけは全く意味のないものだったのだろうか？

一度、疑問に目を向けると、その疑問は多岐にわたって広がっていく。本書では、ケネディが目指したアメリカを改めて考えることから始め、今日、それがどのような形で実現、あるいは歪められてしまったのかを、この半世紀のアメリカを振り返ることで究明したい。いまのアメリカを理解し、今後の世界を理解する一助になることを願いつつ……。

目次

▼本書関連年表▲

年	月日	出来事
1961	1・20	**ジョン・F・ケネディ第35代大統領に就任**
	3・1	平和部隊創設
	5・4	フリーダム・ライド始まる
	4・17－20	ピッグス湾事件（キューバ侵攻作戦実施）
	6・3－4	米ソ首脳会談
	8・13－11・7	ベルリン危機
1962	9・30	ミシシッピー州立大学での騒乱
	10・14－27	キューバ・ミサイル危機
1963	6・11	アラバマ州立大学での騒動
	8・5	部分的核実験停止条約調印
	8・28	ワシントン大行進（キング牧師：「私には夢がある」）
	11・22	**テキサス州ダラス市で被弾・死亡　リンドン・ジョンソン第36代大統領に就任**
1964	1・8	「貧困への戦争」を発表
	2・7	ビートルズ・アメリカ上陸（2・9にテレビ初出演）
	7・2	64年公民権法成立
	8・2	トンキン湾事件　8・7議会：トンキン湾決議採択　北爆開始
1967	10・2	サーグッド・マーシャル　連邦最高裁初の黒人判事に

1968	3・31	ジョンソン再出馬断念の声明
	4・5	キング牧師暗殺（テネシー州メンフィスで）
	6・6	ロバート・ケネディ死亡（カリフォルニア州ロサンゼルスで被弾）
	8・28	シカゴ暴動（民主党全国大会で）
1969	**1・20**	**リチャードニクソン第37代大統領に就任**
	7・18	チャパキディック事件（エドワード・ケネディ自動車事故）
	7・20	アポロ11号　月面着陸
	7・25	ニクソン・ドクトリン発表（グアム島で）
	8・15-18	ウッドストック音楽祭
1970	4・30	カンボジア侵攻（ベトナム戦争拡大に）
	5・4	オハイオ州州立ケント大学で学生デモに州兵が発砲（4人死亡）
1971	4・9	ピンポン外交（アメリカ選手団中国へ）
	6・13	国防総省秘密文書漏洩
	8・15	金・ドル交換の一時停止　賃金・物価の一時凍結
	10・25	国連　台湾を国連から追放　中華人民共和国を唯一の中国に
1972	2・21-27	ニクソンの中国訪問（毛沢東・周恩来らと会談）
	6・17	ウォーターゲート事件発生
1973	1・20	ニクソンの第2期目始まる
	1・27	ベトナム和平協定調印　この頃からウォーターゲート事件をめぐり政局混乱
	10・10	アグニュー副大統領辞任（12・6 ジェラルド・フォード副大統領に就任）

1974	7・27-30	下院司法委員会が大統領弾劾決議を採択（4つの弾劾相当容疑）
	8・9	**ニクソン大統領辞任　フォード第38代大統領に就任**
	9・8	フォード大統領　ニクソンに全面恩赦与える
1975	4・30	南ベトナム・サイゴン陥落：ベトナム戦争終結　1976・7ベトナム社会主義共和国として統一国家に
1977	**1・20**	**ジミー・カーター第39代大統領に就任**
1978	4・18	連邦議会　パナマ運河返還を承認
	9・5-17	キャンプ・デイヴィッド会談　79・3・26キャンプ・デイヴィッド協定として調印
1979	11・4	イラン・テヘランのアメリカ大使館占拠（52人が人質に）
	12・24	ソ連　アフガニスタンに侵攻（89・2・15まで）　カーター、ソ連への穀物全面禁輸を発表
1980	4・24-25	イーグルクロー作戦（人質救出作戦）実施・失敗
1981	1・19	イラン　人質解放に合意（翌20日人質無事解放）
	1・20	**ロナルド・レーガン第40代大統領に就任**
	3・30	レーガン　暗殺未遂事件
1983	3・23	戦略的防衛構想を発表
	10・25	グレナダ侵攻
1984	7・28-8・12	ロサンゼルス・オリンピック（＋パラリンピック）開催
1985	1・20	レーガン2期目始まる
	7・28	チャレンジャー号打ち上げ失敗

1986	12・1	タワー委員会設立　イラン・コントラ事件解明に
1989	**1・20**	**ジョージ・ブッシュ第41代大統領に就任**
	10・18	ベルリンの壁崩壊　90・10・3東西ドイツ統一に
1990	8・2	イラク　クェート侵攻
1991	1・12	連邦議会　対イラク武力行使を容認　湾岸戦争に
	12・25	ソ連解体　米ソ冷戦の終結
1992	4・29	ロサンゼルス暴動
1993	**1・20**	**ビル・クリントン第42代大統領に就任**
1995	10・1	予算成立せず「政府機能停止」状態に
1998	1・21	クリントン：セクハラ疑惑でモニカ・ルインスキーの名前出る
	12・19	クリントン弾劾　偽証と司法妨害
1999	2・12	上院弾劾裁判でクリントンに無罪評決
2001	**1・20**	**ジョージ・W・ブッシュ第43代大統領に就任**
	4・	大減税を実施（2003年にも）
	9・11	同時多発テロ発生　「対テロ戦争」に
	10・7	アフガニスタン空爆（「有志連合諸国」）
2002	3・19	イラク戦争勃発
2009	**1・20**	**バラク・オバマ第44代大統領に就任**
2010	3・23	健康保険制度改革法（オバマ・ケア）成立

第一章　夢と希望の一千日——ケネディの時代

「理想を夢見る」——幸せのために

ケネディが第三五代大統領として在任していた三年足らずの期間は、「よい時代」だったとして記憶されている。もちろん、米ソ対立の冷戦がその最大の危機を迎えたときであったことは事実だ。一九六一年四月のCIAやアメリカ軍部の支援を受けた亡命キューバ人の部隊によるキューバ侵攻の失敗、六月のウィーン米ソ首脳会談の決裂、核戦争一歩手前までいったベルリン危機と六二年一〇月のキューバ・ミサイル危機と短期間の間に起きた「対決」は米ソの覇権争いの枠を超えて、世界は人類滅亡をさえ覚悟しなければならないほどだった。その意味では、決して「よい時代」だったと単純に評価できるものではない。

だが、なぜか「よい時代」という印象が強く残っているのも事実だ。それは大統領が現状に満足することなく、それをよりよく変えていくことの重要さを訴え、そしてそのために努力していくことを自らが率先して示したからだろう。

彼はある時から、アイルランド出身の劇作家でノーベル文学賞受賞者であるバーナード・ショウの次のことばを座右の銘としていたという。

現状を見て、「なぜ?」と言う人は多い
私は今まで決して実現しなかったことを夢見て
「なぜそうならないのか?」と問いかける

このことばは、ケネディの実弟で彼の政権で司法長官を務め、彼の死後上院議員として活躍しながら一九六八年の大統領選挙に出馬して、遊説中に兄と同じように凶弾に倒れたロバート・ケネディの愛したことばとして語られることが多い。だが、それはロバートが大統領選挙用の印刷物で、このことばを引用したためだと考えられる。弟にすれば、兄の座右の銘を引き継ぐことで、自らの政治姿勢と自分が目指す方向を明確にしたいという意図があったのだろう。

ショウが言うように、人は現状に何らかの不満を持っている。だが、通常、その不満を根底から解消しようとは思わない。自分の置かれた現状に「なぜなんだ?」と疑問を抱きながらも、そのなぜを解明し、不満の元凶を取り除こうとは思わない。たとえ「なぜ」が分かっていたとしても、あえて現状変革を試みようとはしない。不満は不満として、波風を立てない生活を続けていく。こんなものなんだ、世の中は。人はそう諦めてしまう。

しかし、これでは何も変わらない。不満があるということは何かが間違っているのだろう。その間違いを正さなければ、満足は得られない。満足自体が幸せかという問いかけに対しては簡単に「イエス」とは答えられないかもしれない。だが、不満を抱いて生活している状況が幸せな状況だとは決して言えないだろう。

人間にとって幸福を感じられることほど重要なことはないはずだ。もちろん、幸福や満足は人によって尺度が異なる。億万長者になることが幸福だと思う人もいれば、貧しくとも愛する人と一緒ならば幸福と思う人がいてもよい。たとえば、こんな例……。

ケネディ大統領が暗殺された直後に日本で一冊の本が出版された。一六〇万部の大ベストセラーとなった。河野実と大島みち子という二十代初めの二人が交わした手紙を『愛と死を見つめて』というタイトルの単行本に編集したものだ。この中に、軟骨肉腫という病のために死期の近いことを知ったミコこと大島みち子の次の詩が掲載されている。

ミカン箱の茶ぶ台にゆのみが二つ
低い天井に暗い電灯が一つ
こんなおへやに場違いのステレオが
美しい夢を運んでくる
肩よせあって黙って聞いている二人
こんな日が一日だけでもほしい

話は飛躍してしまうが、たった一日の「こんな日」が彼女にとっては最高の幸せだった。人間の幸福とか人生とかを考えるとき、出版直後の本書はもちろんのこと、本書を原作として作られたラジオ・ドラマ、テレビ・ドラマ、そして映画にと大いに涙した青春時代を送った筆者には、どうしてもこの詩が思い出されてならない。しかも、この望ましい一日は夢にすぎないと分かっていてもなお、「こんな夢さえ見ないで若い命を奪われていった人たちがいくらでもいる」のだから、自分は幸せだというミコという女性の強さに感動せざるをえない。と同時に、「みこ《ママ》を知り、みこを待ち、いろいろ悩むことがあるけれど、やっぱり幸福だ」という相手のマコこと河野実の強さにも驚かされた。

話がずれてしまったが、とにかく幸せというのは千差万別だということだ。またたとえ二人が生きていられること自体にどれほどの幸せを感じていたとしても、彼女が患った病には不満を持ってもいたはずだ。本当の幸福のためには不満を解消しなければならなかった。だが、彼らは病という敵に勝てなかった。

誰にとっても自分が願う幸福を得るためには、不満を解消しなければならない。不満を感じる現状を打破していかなければならない。ケネディが銘としたバーナード・ショウのことばはこのことを訴えている。

理想を夢見る――そして、その夢の実現のためにはどうしたらよいのかを考える。自分の力で一歩を踏み出さなければならない。

ケネディ大統領はその就任演説で、この世の中を少しでもよくしていくことを誓った。だが、ショウが言うように「なぜそうならないのか？」と問いかけて、夢の実現を目指したとしても、すべてが簡単に終わるわけではない。だから、彼はこう付け加えた。

「……すべてが最初の百日間で終えられるわけではありません。最初の一千日で終えられるわけでもありません……我々がこの地球上に生きている間に終えられるわけでもないでしょう。でも、始めようではありませんか」

たしかに、最初の一歩を踏み出さなければ、何事も達成できない。なぜ、と不満ばかり言っていても何も始まらない。一九五〇年代、戦後のアメリカは経済的に大発展を遂げた。五〇年代後半には、当時のニクソン副大統領がある博覧会の会場で、ソ連のフルシチョフ首相に対して豪語したように、アメリカは生活のすべてが電化され、快適な生活が当たり前になっていた。そして、その当たり前の豊かさゆえに、国民の大半が自分たちを「中流階級」に所属すると認識する現実を生み出していた。貧富の差もない豊かなアメリカというイメージがそこにあった。

この進歩した家庭生活は五〇年代のテレビ・ドラマを通じて広く世界に喧伝された。アメリカは世界一便利で豊かな国なのだ、そしてそこでは人々はドラマに展開されるような楽しい人生を送っているのだ。そんなドラマが世界にすばらしいアメリカのイメージを植えつけたのは当然としても、同時にそれはアメリカ国民の心にもアメリカは特殊なのだという満足感を植えつけることにもなった。それだけに不満は強く意識されることはなかったかもしれない。

「豊かな国のなかの貧困」への挑戦

しかし、その表面的な満足のなかで、すでに五六年の大統領選挙に、前回に続いて民主党候補として出馬したアルダイ・スティーブンソンが、人々は退屈していると指摘し、アメリカは「気高き目的と鼓舞するような生活様式に……明確なヴィジョンを持たない国」になってしまっていると看破していたように、アイゼンハワー政権の誇る経済的繁栄の裏に、精神的に疲弊していた国民がいた。ケネディ就任時には失業率は七パーセントを超え、高騰し続ける物価と乏しい福祉政策によって国民のおよそ三分の一が生活苦を味わっていたのが現実だった。

五八年には雑誌『コメンタリー』に、後に単行本『もうひとつのアメリカ』として出版されることになったひとつの論文が掲載された。この中で著者のマイケル・ハリントンは、おそらくは五千万に及ぶ「見えない人々」という貧困者たちの存在を明らかにしたのだった。アメリカン・ドリームを標語として、個人の努力によって成功することこそがアメリカ社会の存在意義だとしてきた社会では、その意味では「敗者」である貧困者は誰もが見て見ぬふりをしてきた。それゆえに見えなくなってしまった人々が存在することになった。「見えない」だけに、国民が意識しないのだ、とハリントンは言った。

また、同時に彼は、アメリカの貧困者は必ずしも「貧しい服装」をしていないがために、余計にその存在が忘れられることになっていると指摘した。「世界で最もよい服装をした貧困者」という彼の表現は、世界一豊かな国の貧困者がいかに特殊な問題なのかを端的に表すものだった。

一九六〇年の大統領選挙活動を通じてこの論文が指摘する実態を各地で目撃し、とくに国のエネルギー政策の転換のために放置されることになった石炭産業とその従事者の悲惨な状況をウェストバージニア州内で目撃したケネディは、この州の人々に早急な対策を約束したのだった。

多くの国民が満足する現状は決してそれでよいというものではない。豊かな国のなかの貧困を解決していかなければならない。そう結論したケネディは六〇年八月の民主党の大統領候補指名を受諾する演説のなかで、アメリカが直面しているのは「国家としての偉大さ」か「国家としての崩壊」か、という二者択一なのだと言った。そしてその選択の結果を全人類が注目しているのだと。

戦後の資本主義対共産主義という冷戦の図式のなかで、資本主義国家が自ら崩壊を選ぶのは絶対に許されるべきことではない。とすれば、アメリカは自ら変革を求めて行かなければならない。

しかも、その貧困の問題に、もうひとつ黒人やインディアンをはじめとする所謂「少数民族」の存在が絡んでいた。ＷＡＳＰ（ワスプ：白人・アングロサクソン・プロテスタント）と呼ばれた支配層に人種的、宗教的に無視されてきた人々が、ハリントンの指摘とは別の意味で「忘れられた」存在であった。それゆえに貧しかった。

アメリカはこの点でも変わらなければならなかった。人種差別問題・少数民族問題が解消されなければ、貧困問題は解消しないし、貧困が消滅しなければ人種問題も消滅しない。これがケネディの確信だった。自分の政権が、いやアメリカ国民が国民として取り組むべき最も重要な「フロンティア」がここにあったのだ。

だから、ケネディは史上五番目に短い、わずか一三五五語の就任演説の中で「貧困」を三回使い、「貧しい」という形容詞を一回、そして貧困と同義語として「悲惨」を一回、使ったのだ。彼にとって貧困問題が特に重要だったことを示しているだろう。

貧困解消への施策

丸三年に満たない在任期間に歴史的に記録される業績を残せるものではないだろう。特に、日本やイギリスなどの議院内閣制度を持つ国と違って、完璧に近い三権分立を旗印とするアメリカの政治にあっては、行政府の長としての大統領が議会を納得させるのは実に至難なことだ。ある意味では、議会は大統領に挑戦し、抵抗することにその存在意義があると理解される。

ケネディも対抗心むき出しの議会を相手にした。だが、議席数という数字だけを見ると、彼が所属していた民主党が上下両院の過半数を保持していた。下院では六一～六二年の第八七議会の期間で六〇パーセント強、次の六三年一月からの第八八議会でも五九パーセントの議席を確保していた。上院でも前者の期間では六二・六パーセント、後者では六五パーセントの圧倒的な多数を保持していたのだ。

この議員数だけからすると、六二年の中間選挙は注目に価する。下院の全議席、上院の三分の一の議席の選挙が行われのが中間選挙(つまり、大統領選挙をともなわない議会選挙)だが、現職の大統領を出している政党が、下院では一〇議席以上、上院でも数議席を失うのが歴史的なひとつの事実だった。つまり、現職の大統領のどうしても低くなる評価が、彼が所属する政党の評価を下げるということだ。

だが、ケネディの場合、下院ではわずか三議席を失っただけで、上院では逆に三議席増やしているのだ。六二年の選挙がキューバ・ミサイル危機の直後だったから、ケネディの評価が一時的に上がっていたのだと解釈することも可能だろうが、とりあえず任期前半の二年間の彼は、国民たちからは強く支持されていたことを示している。

だが、議会を数字ではなく、議員に焦点を当てて分析すると、まったく異なる状況が明らかになる。下院の場合、六二年の選挙結果に関わりなく民主党議員のなかで南部諸州から選出されてきていた、いわゆる南部議員がその四一パーセントを占めていた。伝統的に「保守的」で、ケネディのリベラルな路線（黒人の地位向上、労働者の待遇改善、医療費補助）などに反対する勢力が、日本的には「与党」とされる自分の政党の半分近くを占めていたのだ。

しかも、この民主党南部議員のなかには長期にわたって議員を務めている者が多く、結果として彼らが下院の諸委員会で委員長職を独占していた。委員長は議員年数で決まっていた。しかも、委員長は当時は法案審議に絶対的な権力を持っており、個人的に気に入らない法案を握りつぶしてしまったり、審議を延長して本会議への上程を遅らせたり、大幅な修正を加えたりという権限を保持していた。

上院でも南部選出の議員が四〇パーセント近くいたのだから、ケネディ大統領は最初から自分に積極的に協力するはずのない議会を相手にしなければならなかったわけだ。この状況を考慮せずに、ケネディ政権を語ることは出来ない。

それでも最初の年、一九六一年の九月二二日に「平和部隊法」を成立させ市民レベルでの国際協力を実現したこと、一〇月一五日に「地域健康法」を成立させて地方の医療サーヴィスと医療施設の建設および管理に補助金を提供できるようにしたこと、翌年一九六二年には六月に移民・難民法を改正してアメリカへの移住・避難を容易にしたこと、八月に通信衛星法によって今日のテレビ国際同時中継の道を開いたこと、一〇月には貿易拡大法により自由貿易への大きな一歩を踏み出したこと、またワクチンの接種に補助金を出して国民の健康を守る「ワクチン補助法」を成立させたことなど、国民生活と国際平和に貢献する重要な政策を採択させていることは無視できない。

暗殺された六三年には「賃金平等法」を成立させて労働者の生活安定を図り、一〇月には精神障害者のための医療施設を各地に建設する法案を通過させてもいる。

短かった在任期間と非協力的な議会という二つの「障壁」にもかかわらず、アメリカ社会のニューフロンティアに果敢に立ち向かい、それなりの成果を上げていたことは高く評価しなければならない。

「正しい」ことを実行する政治

貧困問題の解決には人種差別、特に黒人に対する差別の解消が絶対条件だった。当時、黒人たちは厳しい差別の対象だった。特に南部では、政治的、社会的に彼らは「市民」として扱われていなかった。南部を批判する北部でさえ、黒人は住居でも、職場でも白人と平等な扱いを受けていなかった。

六〇年の選挙戦中にアラバマ州で逮捕され、強制労働の判決を言い渡された黒人指導者マーティン・ルーサー・キング牧師を、州政府に圧力をかけることで救い出したことはケネディの黒人問題への取り組みの象徴的な例として今日でもしばしば取り上げられる。そして、ケネディの善行として当たり前のように扱われる。しかし、改めて考えなければならないのは、六〇年の大統領選挙では国民の四九・三パーセントがケネディに、四九・二パーセントが対立候補で保守派の代表であるリチャード・ニクソン副大統領に投票した事実だ。つまり、わずか、〇・一パーセント、総投票数七〇〇〇万票を超えるなかで一〇万票の差でしかなかった事実は決して無視できない。黒人の地位向上や人種差別撤廃という極当たり前の善なる政策にさえ反対する国民が、賛成する国民とほぼ同数、存在していたのだ。

キングを救うことは善なる行為として評価される。だが、この半数の国民を離反させる行為でもあった、言ってみれば、政治的には非常に危険な行為だったのだ。

貧しい国々を救うことは、ソ連に負けないためにするのでも、彼らが国連でアメリカに同調してくれるようにするためでもなく、「正しい」からするのだ、とケネディは自らの信念を就任演説で語った。まさに、その「正しい」ことを「正しい」からする、という彼の政治姿勢の国内版がキング救出だった。

強制労働は死を意味する、というキング夫人の絶望的な訴えを聞いたケネディは、投票での不利を承知で「正しい」ことをした。このときのケネディを他の政治家に置き換えたとき、そしてまたケネディがいなかったら、と想像したとき、我々は彼の勇気と英断とに感動すら覚えるはずだ。

「正しい」ことをする。実に当然で、簡単なことだ。だが、現実問題として、我々の日常生活の中で、我々自身、どれだけ「正しい」ことを無視し、ご都合主義を優先させ、自己利益を優先していることだろうか。自らの生活を反省するとき、ケネディの「偉大さ」には素直に感服できるのではないだろうか。

六二年の夏、メレディスという一人の黒人学生のミシシッピー州立大学への入学を阻止するために、大学内およびその周辺地域の白人たちによる暴動が勃発し、州政府が迅速かつ適切な措置をとることができないでいたとき、ケネディの介入は早かった。ともすれば、州の内政に係ることをためらってきたのが連邦政府であり、歴代の大統領だったが、彼はすぐに連邦軍（州の軍組織を連邦軍に編入して）を現地に送り、メレディスの入学を確保した。

死者が出、また大勢の怪我人も出たこの武力鎮圧には、それだけの犠牲をたった一人の黒人のために払う意味があったのかという厳しい批判が向けられもした。しかし、問題はたった一人の黒人ではない。今後、彼に続く多くの黒人たちの、アメリカ国民の一人として白人と共に学びたいという希望の扉を開くための犠牲だったと考えれば、ケネディの勇敢な措置は必要不可欠だったのだと理解できる。

続いて六三年にもアラバマ州立大学で同じような問題が生じた。「いまこそ差別を！　明日も差別を！　そして永遠に差別を！」という徹底した人種差別政策で州民の圧倒的な人気を誇っていたアラバマ州知事ジョージ・ウォーレスが、大学校舎入口に立ちふさがって黒人学生と彼らを保護する連邦の役人たちに立ち向かったときも、ケネディは一歩も引かなかった。

この二つの出来事が、黒人の地位向上・人種差別撤廃に躊躇していた議会を少しずつでも動かしていくことになったことは決して見逃してはならない。二〇〇八年のあの感動的でさえあったオバマの大統領選挙勝利への実質的な第一歩がここにあったのだ。

黒人たちも実はおとなしくしていたわけではない。五〇年代に始まったキング牧師の非暴力・無抵抗を旨とする平等な権利を要求する運動は全国的な規模で拡大していた。また、特に南部の諸都市での警察側の過剰警備と過剰な取り締まりが、ニュース映像を通じて全国の茶の間に飛び込み、差別の実態と弾圧の実態を多くの国民が知るようになっていたことで、黒人たちの運動は勢力を増していたのだった。

それに加えて、ケネディ就任直後の四月、「フリーダムライド」の運動が開始されていた。主に南部の諸都市をバスで回って、自由と平等を訴えていこうという運動で、黒人だけでなく、彼らに同情する白人たちも積極的に参加した。各地で暴力的な反発に遭い被害者も多く出たが、この活動が公民権運動全体と当時のアメリカ社会に与えた影響は計り知れないものがある。

一九八八年一二月に、アラン・パーカー監督作品『ミシシッピー・バーニング』が公開されたが、この映画はケネディの死後の一九六四年にミシシッピー州フィラデルフィアで起きた三人の黒人活動家の殺害事件を題材にしている。フリーダムライダーズと呼ばれた活動家たちが遭遇した悲惨な出来事がみごとに再現されている。

黒人の地位向上運動、あるいは公民権運動が最高の盛り上がりを見せたのが一九六三年八月二八日に行われた「ワシントン大行進」だろう。この日、差別撤廃を求めてリンカン記念堂の前に集まった二〇万を超える人々を熱狂させたのが、キング牧師の「私には夢がある」(I Have a Dream)の演説だった。人種差別の理不尽さと差別撤廃の理念とを静かに語り出し、そして人種統合の新しい社会を生み出す努力を火急の課題とする持論を展開したところで、本来の演説原稿を無視して即興で自分の強い思いを叫び出したのだ。「私には夢がある」というフレーズを、黒人教会での礼拝を思わせる口調で繰り返し、聴衆たちの心をしっかりとつかんだのだった。

「自由を鳴り響かせよう」(Let freedom ring!)を最後に繰り返して、白人も黒人もない平等な社会の実現を訴えたこの演説は、ケネディ大統領を動かし、そして現在では二〇世紀アメリカの代表的な名演説のひとつとして残ることになった。

この演説が人種平等への願いを一気に高めたことで、ケネディは翌月、就任以来の慎重さを断ち切り、「公民権法案」の審議に改めて議会に圧力をかけたのだった。議会では激しい抵抗に遭い、ケネディ側の必死の議会工作もなかなか結果を得られないでいた。ケネディの命と彼を引き継いだジョンソン大統領の努力とで、人種差別を完全に撤廃し、これまで黒人の投票を拒んできた地域には今後連邦から監察官を派遣するというような徹底した公民権法として成立するのは、六四年七月のことだった。この公民権法によって、黒人たちは初めて、少なくとも法律の上では、自由と平等を獲得したのだった。

リンカンの手によって奴隷解放が実現して一〇〇年の時が流れていた。「すべての人間は平等に造られ……」を本国英国に抵抗する理念とし、そして国家建設の理念としたアメリカに人種差別が存在することは大きな矛盾だった。国の存亡を賭けた南北戦争も、「民主主義のため」を大義名分として戦った二つの世界大戦も、そして共産主義との戦いを余儀なくされた冷戦も、この矛盾をなくすことができなかった。

ニューフロンティアの最大課題のひとつとして黒人差別を取り上げ、その解決に正面から立ち上がり、選挙の勝敗を度外視して全力を傾けたケネディ大統領の最大の業績として記憶すべきことだった。

平和のための意識改革――嫌悪から寛容へ

もうひとつ切り拓いていかなければならないフロンティアが冷戦だった。

第二次大戦終了後、それまで連合国として一緒に戦ってきたソ連が戦後の世界に対する影響力＝覇権を求める強烈なライバルとして登場することになった。マルクス・レーニン主義を基盤としたソ連は資本主義を否定し、プロレタリアート独裁こそが社会の真のあり方だという思想を世界に広げ、世界中に革命を起こし、共産主義国家（ソ連は社会主義国家ということばを使った）だけの世界を構築しようとする野望を隠さなかった。

そのためにドイツによって破壊された国土を早急に回復させて人々の信頼を勝ち取ると同時に、軍事強化を図り、アメリカに対抗するために核兵器の開発に猛進し、東欧を支配下に置き、ドイツの東半分を実質的に領有して一大勢力圏を作り上げた。その上で、ハンガリー動乱を力でねじ伏せ、スエズ運河をめぐって勃発した「危機」に核兵器の使用を脅し材料にして介入した。

相互不可侵条約を無視して戦争末期に侵略を始め、樺太から日本を追い出し、千島を占領し、ついでにポツダム宣言の適応外とされるはずの日本の固有の領土である「北方四島」の占領を続け、太平洋に進出する足掛かりさえも確保した。

こうした動きに武力対抗＝核戦争という恐れから慎重な態度を取り続け、ただ軍事力強化と核兵器の開発によって「対抗力」を養い、究極的な最終段階に備えるだけだったのがアメリカだった。それにマルクスを全面に押し出して思想的正当性を主張するソ連に、十分に対抗しえるだけの思想を持っていなかったアメリカは、アジアやアフリカへのソ連の影響力の拡大をただ「封じ込める」という消極的な政策しかとれなかった。現実に武力による直接対決はなかったが、勢力を拡大しようとするソ連とそれを阻止しようとするアメリカとの対立は、「冷戦」という概念のなかで確実に戦われ続けていた。

だが、貧困を内在する豊かさが真の豊かさではないように、いつ熱戦になるか分からない冷戦という平和の状況は当然に真の平和ではない。だとすれば、真の豊かさを目指すために貧困を解消しなければならないように、冷戦を終結させて真の平和を達成しなければならない。

ケネディは就任演説で早速ソ連側に呼びかけた。米ソ両国の科学技術と知識を提供しあって、共に宇宙を探求し、砂漠を征服し、不治の病をなくし、海底の探求をし、そして芸術と商業の交流を盛んにしようと。対立する問題ではなく、協力可能な、そして共通の利益につながる問題を見つめていこうではないかと呼びかけ、こうした交流が相互理解を深め、共通の真の利害関係を構築することになると提言した。米ソ平和共存への道を歩き出すことが重要だ、と。

この協力は当然のように、核兵器の制限、軍事力の自主管理あるいは国際管理につながっていくという発想だった。ここに米ソ両国によって真の国際平和を実現することが可能になる。ただ平和の希求はともすれば交渉において不利な立場になる。国家間の交渉では、平和第一主義は「弱者」とみなされ、力のある強者の犠牲になる。だから、ケネディはアメリカには十分すぎる軍事力があると明言した。ソ連よりも強いからこそ、平和を求めるのだと表明した。そして、「恐怖から交渉するのはよそう。しかし、交渉を恐れるのは止めよう」と米ソが心を開いて交渉し合っていくことを呼びかけたのだ。

冷戦という時代に、戦いを意識から追い出し、そして米ソ両国の協力と国連の活動によって核の脅威のない、また核実験の継続による地球環境の破壊のない、平和な世界を築いていこうというとてつもない夢を語ったのだった。そして、この夢のために努力していくことを、もうひとつのニューフロンティアとしたのだった。

このケネディの思いをさらに明確に表明したのが、一九六三年六月一〇日のアメリカン大学の卒業式での演説だった。有名な就任演説よりも優れた演説と評価されるこの演説で、ケネディは「地球上で最も重要な問題」である「世界平和」を論じた。彼は「真の平和」は「地球上の生活を生きる価値のあるものにする平和であり、人と国とが成長し、我々の子孫のためによりよい生活を望むことができ、それを築き上げることができる平和」なのだと力説した。だから、真の平和は「現在だけの平和ではなく、未来永劫に続く平和」でなければならず、それを達成するのが「我々に課せられている火急な仕事」なのだと宣言した。

では、そのためには何をすべきなのか。卒業生に向け、そしてその後ろにいる全国民に向け、ケネディは「個人として、また国民として我々自身の態度を再検討しなければならない」と言った。

その第一は平和そのものへの態度だ。現実には余りにも多くの人々が平和を達成することは不可能で、非現実的だと考えている。つまり、人間世界では戦争は避けられないと――。ケネディはこれを「敗北者の考え」と位置づけ、「我々が直面する問題は人間が作り出したものにすぎません……だから、人間によって解決出来るはずです」と言った。人間の理性と精神がいかなる困難をも解決してきたのだと続けたケネディは、真の平和は達成できるのだと自分たちの意識を変えようと訴えたのだった。

そして、それまでともすれば「隣人を愛せよ」と教えられてきたキリスト教徒である若者たちに、「人が隣人を愛さなければならないことはない」と説き、ただ「互いに寛容な態度をとって共に生活すればよい」、そのための「努力」をすればよいと呼び掛けた。平和に関して否定的な考えを捨て、そしてただ「寛容な態度」を取ること、つまり互いに努力して我慢することで、新しい道は拓けてくるはずだと言った。

さらに検討するべき第二の点として、当面の敵国であるソ連に対する態度を再検証することを求めた。ソ連のイデオロギーへの嫌悪感をこちらが持てば、相手も自分たちに対して同じことになる。「一方の側の疑惑が一方の側の疑惑を呼ぶという危険な悪循環」から脱却しなければならない。そのためにまずソ連国民の多くの業績を讃えることを提案した。科学や宇宙開発、そして経済や工業での成長、文化やスポーツ面でのすぐれた成績をあげた。しかも、ソ連は第二次大戦で二〇〇〇万人以上が命を失い、アメリカのシカゴ以東の広さに匹敵する領土が荒廃するほどの被害を受けていた、とケネディは指摘した。この惨状から立ち直った彼らの能力と努力とを評価して、ソ連という国そしてその国民に対する認識を改めることが必要なのだと力説した。

最後に、冷戦そのものへの認識も改めようと言った。ただ現状をあるがままに受け入れるだけでいい。それを相手の責任にしたり、非難したり、また敵意を示したりしなければ「緊張は緩和」することができるはずなのだ、と訴えた。

こうして自分たちの態度を反省し、認識を改めることで互いに共通する利益を見つけ、そして互いの相違を解消する手段をみつけることができるのだと語ったケネディは、いまなお心にのこるあの名文句を謳いあげたのだった。

……結局のところ、我々の最も基本的な共通の絆は、我々がこの小さな天体に住んでいることなのです。我々はみな同じ空気を吸い、自分たちの子供たちの将来を大切に思っているのです。しかも我々はみな必ず死を迎える生き物にすぎないのです。

おそらくはケネディの演説のなかで最も人口に膾炙《かいしゃ》しているのは、就任演説での呼びかけだろう。「それゆえに、我が同朋のアメリカ国民の皆さん、国が諸君に何をするかではなく、諸君が国に何をするかを問い給え」。若き大統領がすべての国民に生きていくうえでの責任を問いかけた名文句だ。アメリカ大学での演説は就任から二年半という時間が経過しようとしていたときになされたのだが、その精神は見事に一貫していた。世界の平和のために、国民ひとりひとりが意識改革を行うこと、そしてすべて同じ地球上に生きる者として戦争や争いごとのない、寛容で地道に問題解決に当たっていける社会を作っていくことを改めて呼びかけていたのだ。

この一貫性にこそケネディ大統領の精神的本質、いや真髄があるのだ。

米ソ冷戦の厳しい現実――ベルリン危機とキューバ危機

平和を求めたケネディの在任期間は、それでも戦後の冷戦の厳しい現実があった。一九五八年一一月に、外交上の取引があったわけではないが、米ソともに自発的に大気中での核実験を停止していた。死の灰という放射性物質が大気中に拡散する危険を当事者同士が意識し、理解したからだろう。地下核実験は継続されたものの、核兵器が象徴する冷戦の局面が大きく変化する様相を見せていた。

しかし、その後、カストロによる革命政権が、アイゼンハワー大統領の不手際の結果、ソ連との関係を強め、アメリカとの国交を断絶したために、冷戦は再びいつ熱戦になるか分からない状況に突入していた。

ケネディはこのアイゼンハワー前政権の不手際を引き継ぐしかなかった。革命以後、アメリカに救いを求めてきていた亡命キューバ人を武装させてキューバに送り込み、カストロを権力の座から追い出そうとする計画が立案され、侵攻の準備がCIAと軍部の協力で着々と進んでいた。

ケネディがこの事実を知らされたのは彼の政権が発足してからだった。大統領は「ゴーサイン」を出すしかないという状況で決断を迫られたケネディは、それでもアメリカが関与している事実を完全に隠蔽すること、そしてアメリカの正規軍は絶対に介入させないことを条件にこの計画の実施を許可した。

一九六一年四月一七日、アメリカで特殊訓練を受けた侵攻部隊はキューバへの上陸作戦を実行した。歴史に残る「ピッグス湾事件」だ。上陸地点にはいないはずのキューバ革命軍が待ち伏せをしていた。この作戦は完璧な失敗に終わった。亡命キューバ人の大半はその場で身柄を拘束された。

このとき軍部もCIAもアメリカ空軍による爆撃、海兵隊による上陸支援などを要求した。しかし、ケネディはすべて拒否し、自らがテレビに出て、作戦の失敗を国民に明らかにし、その責任は大統領である自分にあると潔い態度を示した。

このときのケネディの不介入の決断が、その後の軍部やCIAとの確執の原因になったことは否定できないだろうが、この侵攻作戦の実施がキューバとソ連の結びつきを強めたことは重要だった。キユーバにすれば予想される次の侵攻に備えなければならなかったし、それにはソ連の軍事力に頼るしかなかった。最終的にソ連は、短距離ミサイルをキューバに配備するという決断をすることになった。

このピッグス湾事件が冷戦を極度に危険な状態に追い込んだのはたしかだった。六一年の六月にオーストリアのウィーンで米ソ首脳会談が予定通りに開かれた。この侵攻事件がなかったら、この会談はおそらくは冷戦を解消に向かう第一歩として期待されただろう。だが、ピッグス湾事件はこの会談を米ソ訣別の第一歩にしてしまっていた。

会談前にフランスのドゴール大統領と面談し、ソ連のフルシチョフ対策を十分に練ったケネディをもってしても、会談は完全な物別れに終わり、米ソが互いに人類最後の戦いに向けて歩み出したかのような様相となった。

「あいつは俺を子供扱いしやがった。子供扱いだ」と会談後思わず口にしたケネディだった。彼にすれば老練なフルシチョフに一方的にやられたという感じが残っただけの会談だった。

この会談の後、フルシチョフは、ベルリン問題に決着をつけるべく動いた。ベルリンはドイツ敗戦時に東西に分断され、東をソ連、西を米英が占領統治することになった。ドイツそのものも東西に分割されて東側、いわゆる東ドイツがソ連の支配下に置かれても、その領地内にあるベルリンの西側には「西欧民主主義国」が存在するという異様な状況が続いていた。ソ連は西ベルリンから米英の勢力を追い出したいと願い続けていた。

しかし、現実はソ連にとって実に厄介なものだった。東ベルリンから西ベルリンに「逃亡」する、言い方を変えれば「亡命」するベルリン市民(東ドイツ国民)が続出していたからだ。ウィーン会談でケネディ組み易し、と感じたフルシチョフは、ベルリン統一の野望に向けてついに動いたのだった。

ベルリン危機だ。六一年八月一三日、東ドイツの警備隊が東西ベルリンの境界にバリケードを築いて市民の移動を阻止した。そして、このバリケードはすぐにコンクリート製の「壁」へと造り変えられたのだ。ケネディはこの事態にすぐにジョンソン副大統領とクレイ将軍を現地に送り、アメリカの関心の深さを示しただけでなく、一週間後の二〇日には一六〇〇人のアメリカ軍の精鋭部隊を派遣した。この精鋭部隊の派遣自体、ソ連との武力抗争を引き起こしかねない危険を伴うものだったが、ケネディは西ベルリンを徹底的に防衛する決意を示したのだった。

このままにらみ合いが続く中でソ連は八月三〇日に突然核実験を再開した。米ソが緊張緩和に向かうかもしれないという少し前までの期待は、ここで完全に消滅した。アメリカも実験を再開せざるをえなかった。

ベルリン危機自体は九月末の国連総会での打開を求めるケネディの演説、そして舞台裏での外交努力の結果、フルシチョフ自身が対立と戦争は無意味だという考えをアメリカ側に伝えたことで、急速に収束に向かった。一一月七日にソ連はすべての部隊を撤退させた。

最悪の結果は免れた。しかし、ベルリンが分断された都市であるという現実はその後長く続くことになった。「ベルリンの壁」が存在し続けることになっただけ——と考えると、この危機はいったい何のためだったのかという疑問が残る。フルシチョフが単にケネディを試しただけだったのか、あるいは実質的に劣勢な軍事力しかないソ連が意地を張って見せただけだったのか?

その勃発時点から二ヶ月以上に及んだ危機の流れを概観すると、どうしても最後の幕引きに至る過程での状況に不可解さを感じないわけにはいかない。

それと比べると、翌年六二年一〇月のキューバ・ミサイル危機は、地球滅亡の直前まで行ったとされる状況を生み出しながらも、ひとつにはアメリカは決してキューバに武力侵攻しないという約束が確認されたこと、二つには米ソの間に直通通信を可能にする「ホットライン」が敷設されたこと、そして三つには核戦争の恐怖を十分に味わった米ソ首脳によって「部分的核実験停止条約」が締結されたことという成果をあげただけに、その後の世界にそれなりの意味があったと言える。

ピッグス湾侵攻に必要以上の恐れを抱いたカストロが、フルシチョフに強大な軍事援助を依頼し、その結果として防衛ミサイルをキューバ国内に搬入することになった。ミサイルの搬入がケネディにどう受け止められるかを十分に考えていなかった点で、フルシチョフの失敗だった。だが、ベルリンでの出来事で、ケネディとフルシチョフの二人は、共に決して戦争を望んでいないと互いにしっかりと確認しあっていた。だから、フルシチョフには戦争にならない、という確信があって、キューバに対して同盟国としての最小限の役割を果たしただけなのかもしれない。

しかし、ソ連の輸送船のハバマ港への出入りが頻繁になったことを察知したアメリカは、キューバ上空にスパイ飛行機を飛ばした。集めた写真に建設中のミサイル基地があったことは、ケネディ政権には大きな衝撃だった。アメリカの喉元に短剣をつきつけてきた行為を見逃すわけにはいかなかった。空軍を中心とした軍部はケネディに対して、ミサイル基地が完成する前に空爆することを主張した。

空爆によってアメリカの力を示すべきだ、というのが軍部の一致した主張だった。

空爆はそのまま米ソ全面戦争に、そして最後には全面核戦争につながりかねないとして、この軍部の強い要求を最後まで拒否し続けたのがケネディだった。基地の建設を許すことはできない、しかし戦争は避けなければならない――この目的に合致するのは基地建設を断念させることと、妥協できるところでは妥協することだった。

ミサイル基地の建設を断念させるには、やはりアメリカの力を示す必要があった。アメリカの断固とした決意を示す必要があった。空爆や直接的な武力を行使することなく、力と決意を示す方法として採用されたのが、隔離だった。これは実質上の「海上封鎖」だ。国際法上は海上封鎖は戦争行為となる。そのための「隔離」だったが、相手が戦争を望まない場合には、この上なく効果的な手段であることは間違いなかった。ケネディ政権下で「エクスコム」(EXCOM)と呼ばれた政策決定機関もこれに同意した(もちろん、軍部は最後まで反対だった)。

海上封鎖を突破して建設機材やミサイルを運ぶ船が現れれば、それは戦争を意味していた。その意味では、冷戦期最大の危機であったことは間違いないし、後にマイケル・ドブズが著した書籍のタイトル、『核戦争　午前零時1分前』、が示すように、全世界が核戦争を覚悟した瞬間だった。

キューバに運び入れたソ連のミサイルを即時撤去する代わりに、アメリカがトルコに配備しているミサイルを撤去するという裏取引もあって、フルシチョフがキューバからの撤去を決めたことで、この核戦争直前の状況は速やかに解消することになった。

中公文庫から二〇一四年に版を新たにして出版されたケネディ大統領の実弟ロバートの著作『13

日間』にこのキューバ・ミサイル危機に対応したアメリカ側の状況が明らかにされている。また、この新版に筆者も解説を提供して、この危機の問題点やその後の研究などについて論じているので、詳細はこれを参照にして頂きたい。

しかし、ここで強調しておきたいのは、やはりケネディ＝フルシチョフの二人が「戦争はしない」という思いを共通して持っていた事実だ。当然、両首脳の後ろにはそれぞれの国の軍部がいた。明らかになったことからだけの判断ではあるが、アメリカの軍部がミサイル基地の即時空爆を主張したように、ソ連の軍部も戦略上絶対に必要なキューバの基地の徹底防衛と海上封鎖の強行突破とを主張していた。軍人の性で、彼らは戦いは常に「勝てる」と思っている。戦う前から和平を求めるなど、彼らの思考回路にはない。だから、ケネディが軍部からの強い圧力に直面していたように、フルシチョフも当然同じような、あるいはケネディ以上の困難な状況に置かれていたと考えられる。

そのような状況で、戦争回避を選んだ二人の政治家が同時に存在していたことは感動的でさえある。現在を生きている我々は彼らに感謝しなければならないとも感じる。

この背景にはケネディ就任以後、不定期ではあっても二人の間に続いていた私的な書簡の交換があった。公の立場を離れ、個人的な人生観や趣味などを語り合い、互いに人間として尊敬し合うことになる手紙のやり取りがあったことが、軍部からの戦えという圧力の中で「平和」を選択することができた理由のひとつであることは間違いないだろう。

もうひとつ重要な点はケネディが最終的選択を相手のフルシチョフに委ねていたことだ。アメリカが取る政策のその次を相手に委ねる、その相手の出方によって自分たちもその次を決める――「柔軟戦略」と呼ばれたこの方法は、フルシチョフに最終的な決定権を与えるという意味で大きな役割を果たしたのだった。

ベルリンでは向かい合った戦車に発砲させるか否か、キューバでは海上封鎖を突破させるのか否か、戦争か平和かの最後の選択権をフルシチョフに与えたのだ。アメリカ軍に東ドイツの領土を通過させるという「戦争行為」を命じたのがケネディだった。国際法上は「戦争行為」である海上封鎖を命じたのもケネディだった。ある意味で、強硬手段をとって戦争直前まで、先のドブズの著作タイトルではないが「午前零時1分前」の危機状態を生み出したのはケネディだった。いや、ケネディは、歴史のなかでそう判断されることをすら、自ら選んだのだった。自らをそのような立場における人物だったのだ。

それから先には「平和」を選ぶしかない――人類滅亡が容易に想像できる以上、選択は「平和」でしかなかった。しかし、この時点で平和を選んだフルシチョフは、「戦争を避けて平和を選んだ優れた政治家」としての名誉を手に入れることになる。逆に言えば、戦争の一歩手前までフルシチョフを追い込んだケネディは戦争亡者だということになる。

フルシチョフの選択は敗者としての選択ではない――むしろ、勝者としての選択なのだ。歴史的な名誉(とは言っても、もし核戦争の場合にはもうその後の歴史はないのだが)を譲る。誰でもが出来るわけではないことをケネディは行った。これがベルリンとキューバの二つの危機を通してのケネディの遺産だった。

いま世界の指導者を見るかぎり、誰もが「自分こそ」という態度しか持っていないように見える。

常に正義は自分にある。結果、妥協をすること、対立を激化させるのではなく沈下させていくことをまったく知らない。いや、そんなことには関心がない。そういう政治家ばかりのようでしかない。ケネディのような態度を取れる、そしてフルシチョフのようにそれに素直に応じることができる政治家を見つけるのは不可能だ。そんな世界では、どうしても対立ばかりが生じ、それが長続きし、次第に悪化していく。ケネディがアメリカ国民だけでなく、世界の人々を魅了した理由がまさにこの相手に名誉の選択をさせる人間的大きさだったのではないだろうか。

人類の夢、宇宙へ

最後にケネディが力を入れたフロンティアだった宇宙開発計画について記しておきたい。

そもそも宇宙開発は軍事目的で始まった。アメリカでは陸軍と海軍、そして戦後設立された空軍とが競ってロケット開発を行い出した。一九五七年七月に始まる「地球観測年」に合わせてアメリカは初めて地球を周回する人工衛星の打ち上げを計画し始めた。

この年は日本では南極観測のために砕氷船「宗谷」を送り、昭和基地を建設したことで記憶されている。基地建設を終えての帰路、氷に閉ざされ、ソ連の観測船「オビ」号に救われたこと、そしてこの翌年帰国するはずだったのに、結果として日本人越冬隊員が立ち去った基地に残されたが、後に生存して発見されたタローとジローの二匹の樺太犬の名前が記憶に残っているだろう。日本の砕氷船はまだ南極の海を自由に航行できる力はなく、そのために第二次越冬隊を基地に送り込むことができなかった。これが二匹の犬が結果として「英雄」になった理由だった。

一九五七年一〇月四日、ソ連が人工衛星「スプートニクI号」を打ち上げ、地球を回る軌道に乗せることに成功した。「スプートニク・ショック」と呼ばれるほどの大きな衝撃をアメリカに与えたのだった。科学の分野では絶対的に世界一を自認していたアメリカの自信は、みごとに跳ね飛ばされることになった。その上、この人工衛星は核弾頭を搭載するミサイルにつながる技術の達成を意味していただけに、軍事的にも世界一を誇っていたアメリカに強い劣等意識を植え付けることになった。

一九六〇年の選挙中、ケネディは「ミサイル・ギャップ」という表現でソ連に先を越されたアイゼンハワー共和党政権を批判した。これでどの程度の支持が増えたのかは明らかではないが、後塵を拝することになった状況を批判した以上、これを逆転させるのが彼の役割となった。それなのにソ連はケネディが就任して三カ月も経たない四月一二日にユーリ・ガガーリン中佐を宇宙空間に送り出したのだ。地球を一周して帰還した最初の宇宙飛行士は「地球は青かった」の名文句で一躍世界の英雄となった。

五八年の七月にNASA(航空宇宙局)を設置して国家的事業として宇宙開発を行う体制を整えていたアメリカだったが、ソ連の華々しい成功と進展とに比べると、結果はゼロに等しいものだった。

ケネディは、政権内で調整(山本和隆著『ケネディの遺産』志學社　第三章参照)したあと、上下両院の合同会議に追加予算に関する特別教書を送り、これを議員たちの前で読み上げたのだった。六一年五月二五日だったが、彼はソ連より優位な地位を得ることが「緊急な国家的必要」だというと、「……この十年が終わる前に、月に人を着陸させ、無事に地球に帰還させるという目的」を達成しなければならないと言明した。

そのための緊急追加予算を求めた。議会はこの要請に応じ、四〇〇億ドルという巨額な予算を認めたのだった。この時点では国民の五八パーセントが反対したほどの異常な額だった。この結果、後に有名になった「アポロ計画」が始まることになる。三人の宇宙飛行士を死亡させてしまったアポロI号から三年、一九六九年七月二〇日にアポロXI号が月に到達し、アームストロングが人類最初の第一歩を月面に記したのだった。「一人の男の小さな一歩は人類の巨大な飛躍である」という彼のことばと共に、輝かしい歴史を刻んだのだった。

このときすでにケネディは暗殺されてしまっていた。一九六〇年に彼と大統領選挙を戦って敗れたリチャード・ニクソンがこのときの大統領だったというのは歴史の大きな皮肉だった。だが、月面着陸の成功は先行していたソ連を追い越しただけでなく、ソ連に同類の計画を放棄させる劇的な効果をもたらしたのだった。

ケネディが語った「夢」の実現だった。十年以内という彼の無謀と思われた夢も、強い信念と多大な努力で可能にすることができるということが証明されたのだった。

だからと言って、ニクソンが大統領だった時代に「夢」の尊さは語られることはなかった。夢はあくまでもケネディが語ったものであり、夢に向かって努力することの重要さを国民に語ったのはケネディだけだったのだ。

月に人を送る計画はニューフロンティアを象徴するものだった。ケネディの存命中の六二年二月二〇日にジョン・グレン中佐が地球を三周して無事帰還し、さらに六三年の五月にゴードン・クーパー飛行士がグレンの宇宙滞在時間の八倍を超える三四時間二〇分を達成した。人類の夢はその提唱者ケネディの時代に着実に実現に向けて動き出していたのだった。

アメリカ国民の、というよりもむしろ全人類の夢であった「月世界探検」が着々と現実化していた。つまり、ケネディが無謀ともいえる夢を語り、それを実現させていたという現実が、彼が大統領だった時代だった。だから、彼の時代は、世界が夢をみた。人類の夢を追った。冷戦の最悪状態だったことは事実だったが、それよりも若い大統領の夢を説く姿に世界の人々は鼓舞されていたのだった。

そんな現実を説明する材料になるかどうか——当時の日本での「流行歌」をみてみたい。ちょうどケネディが大統領選挙に出る前の年に「日本レコード大賞」が始まった。第一回、第二回と「黒い花びら」(歌：水原ひろし)「誰よりも君を愛す」(歌：松尾和子＋和田弘とマヒナスターズ)、そして第三回がフランク永井の歌った「君恋し」が、それぞれ「レコード大賞」を受賞している。三曲とも短調の暗い、もの悲しい曲だ。「君恋し」は暗い感じは目立たないが、それでも歌の内容は分かれた女性を思う切ない内容だ。

だが、第四回、つまり一九六二年は橋幸夫と吉永小百合の当時「黄金コンビ」と呼ばれた若い二人のデュエット曲「いつでも夢を」、そして翌年、奇しくもケネディ暗殺の直後になるが梓みちよの「こんにちは赤ちゃん」が大賞を受賞している。どちらも明るい曲だ。

この二年間には、他にも「山男の歌」「はい、それまでよ」「下町の太陽」「おもちゃのチャチャチャ」「高校三年生」など、明るい曲想の歌が流行した。

そして、ケネディが去った翌年、六四年になると、本章冒頭でも紹介した「愛と死をみつめて」の切ない、悲しい曲が大賞を受賞した。東京オリンピックに沸いた世相のなかで、人々の心を捉えていた歌は、ミコとマコの運命を歌いあげた悲しい曲だった。

ケネディの存命中とその前後では驚くほど日本の流行歌の曲質が違っていた。単純にレコード大賞受賞曲だけでその時代の社会の雰囲気を判断するのは間違いかもしれない。心底では演歌を好む日本人には短調の曲が好まれるので、レコード大賞受賞曲も当然その線に沿った曲になると考えることもできる。だが、ケネディの二年間に、そんな日本を席巻していたのが「いつでも夢を」であり、「こんにちは赤ちゃん」であったことには注目しないわけにはいかないだろう。

まだテレビがそれほど普及していたわけではなく、またレコード・プレーヤーやアンプなどの普及率も極端に低い時代で、主にラジオの歌番組(今日よりもはるかに数は多かった)によって放送されることが流行を判断する時代だっただけに、今日以上に流行歌と世相は密接な関係があったと考えてもよいのだろう。

それほどケネディの存在は大きかったといえるのだ。

ついでにアメリカでの音楽状況を見てみよう。ケネディが亡くなった一ヶ月半ほど後の六四年一月一四日にビートルズの「抱きしめたい」(I Want To Hold Your Hand)が発売になった。このレコードは一週間で八〇万枚を売り上げ、そして一ヶ月で二五〇〇万枚という驚異的な売り上げを記録した。二月一日には『ビルボード』紙で全米一位を獲得した。

六二年にイギリスでデビューしたビートルズはイギリス本国での人気にも関わらず、アメリカでは発売されたレコードも売れず、全くの無視状態だった。それが六四年二月七日に初めてアメリカの土を踏んだとき、ニューヨークの空港には一万人を越える人たちが出迎え、さらに九日に出演したテレビ番組『エド・サリバン・ショー』の視聴率は七二パーセントという信じられない数字を記録した。

この急激な人気は何が原因だったのだろうか。もちろん、彼らの楽曲、演奏など若い四人の男性たちの魅力が一番だったのだろうが、ケネディの死で意気消沈していたアメリカ人たちが、その悲しみを忘れさせる楽曲として、ビートルズに慰めを求めたことが大きな要因だと言われている。

タイミングが偶然一致していただけと言うこともできるが、ビートルズとしてはやっと五枚目のシングル盤になって、いきなりアメリカで大ヒットしたことを考えると、ケネディの死との関係を無視することはできないのかもしれない。

いずれにしろ、このような点から論じられる大統領は実に珍しいことだ。

第二章　花はどこに行った？　――政治不信と混乱する社会

一九六三年一一月二二日、テキサス州ダラス市内を遊説のためにオープンカーでパレードしていたケネディ大統領が狙撃され、病院に急送されて救命措置を受けたが、手当の甲斐もなく息を引き取った。その二時間後に、副大統領だったリンドン・ジョンソンが憲法に規定された宣誓をして第三六代大統領に就任した。このためケネディは大統領としてワシントンＤＣに戻ることができなかった。

余りにも早すぎる、そして国民感情を逆なでするような大統領職の継承だった。国内からの不満や疑念に対して、大統領暗殺の裏にどのような組織が関わっているか分からない以上、国家の安全のためには速やかに権力の源を明確にしておく必要がある、とジョンソン新大統領は説明した。それにしても、ケネディ大統領の遺された家族がまだ暮らしているホワイトハウスに入り込むというのは、新大統領の態度として正しかったのかの疑問は残る。

ケネディとは異質のジョンソン大統領

ダラスからワシントンＤＣに戻ったところで、全国の国民にテレビで話しかけたジョンソンは、ケネディ政権の目指したことはそのまま継続していくと語った。三カ月前に部分的核実験停止条約が結ばれ、やっと冷戦の暗いトンネルに一条の光を見ていた国民も、世界の人々も、ジョンソンのことばに安心し、期待をつなぐことになった。

しかし、常に国民の生活を第一に考え、将来に明るい希望を抱くことができるようにと国民を鼓舞しようとしていたケネディとは、まったく異質の政治家だったことは明らかだった。ジョンソンが副大統領になるまで務めていた上院議員だった期間、それも民主党の院内総務という要職にあった期間の彼が、どれほど政治的裏取引きの能力に長けていた政治家だったかは誰もが知っていた。

議会に関してはすべてを知り尽くしていた。ケネディより九歳年長だったが、一九三七年にはすでに下院議員となり、その後四九年に上院議員となった。五三年からは民主党(当初は少数党だった)の院内総務となった。上院の院内総務は多数党のそれと合わせて二名いるが、それぞれの政党の所属議員の総まとめ役として大きな権限を持ち、議事運営に関して絶対的な役割を果たす。その意味では議会の「ドン」としての存在だ。

彼がそんな大物政治家であったのには、もちろんそれなりの能力があったのだろうが、南部テキサス州選出という事情が加味していたことは否めない。伝統的に南部は一度選出した議員を投票で落とすことはしない傾向にあった。つまり、南部の議員は一度当選すれば、違法行為などで告発されないかぎり、議員を続けていくことができるわけだ。選挙区によっては対立候補さえ出馬しないところがあったりする。

アメリカの連邦議会の伝統では永年勤続の議員、つまり議員年数の多い議員が議会内の要職に就くことになっている。従って、ジョンソンが院内総務になったこと、これを副大統領就任まで務めていた事実だけで、彼の政治能力を判断してはならない。

彼はケネディの要請で副大統領候補となったが、大統領選挙を戦いながら、同時に任期切れを迎えた自分の上院議員選挙も戦っていた。対立候補である共和党の現職副大統領にケネディが勝つとは思っていなかったのだろう。このあたりが、ジョンソンの政治家としての強かさを示しているのかもしれない。

ケネディが彼をパートナーとして選んだのは思想的に近いからでも、政策を同じくしているからでもなかった。単に、未経験な自分を補う豊かな経験、四三歳に過ぎない自分に対して五二歳と信頼を得られる年齢、ボストンという北部の大都会出身の自分とテキサス州のストーンウォールという南部の農村出身のジョンソン、そして元駐英大使を父に持ち、名門ハーバード大学卒業の自分と小規模な農園経営者で、州議会議員だった父を持ち、テキサスの教員養成大学を出て短期間教員をしていたジョンソン――という自分とあまりにもかけ離れた出自や経歴を重視した結果だった。要するに、エリートとして括られてしまうことによって票を失うことを恐れたケネディが、より広い支持を得るために、そして特に思想的には保守的であって反ケネディの南部を何とか取り込むための手段として選んだだけだった。

したがって、選挙に勝利して目的を達成したあとは、新政権にとって特に必要な人物ではなかった。ジョンソンはある意味で閑職に追われることになった。ケネディにしてみれば、自分の政策にもっとも強く反対しそうな院内総務を上院から追い出して、政治的な活動の場をその強敵から奪い取ったと言えるだろう。

ただ、ケネディも強かだった。議会対策には優れていたジョンソンを、新設の「雇用機会均等委員会」の委員長に任命したのだった。これは大統領直属の委員会として、雇用における黒人などの人種差別を撤廃させるための提案と法案作りに当たらせるものだった。人種問題を解決する困難さを理解していたケネディにとっては、議員生活の長い、そしてそれなりの影響力を持つジョンソンの存在は重要だったのだ。

ジョンソン自身は南部政治家として基本的には保守的だったが、それでも「機」を見ることには長けていた。一九五四年の最高裁のいわゆる「ブラウン判決」が公立学校での人種差別を違憲としたこと、その翌年アラバマ州モンゴメリーでのバスボイコットが成功し、キング牧師の優れた指導力によって黒人の公民権を求める運動がさらに高まりを見せ、そしてそれに対する南部権力の暴力的行為が特に強い批判を浴びるようになると、彼はいち早くそれまでの態度を改め、どちらかというと黒人の権利拡大に賛成するようになっていた。もちろん、南部出身という制約があるなかでの方向転換だったが、それでも一九五七年には多数派の院内総務として、本来なら民主党が支配する議会では無視されるはずのアイゼンハワー政権が提案した「公民権法」を成立させるために尽力した。

この「五七年公民権法」の成立は、南北戦争後初めて連邦政府が各州内の人種差別を是正させるためのものだった点で、「歴史的」な立法だった。だが、ジョンソンが「奇跡の議会操作」と呼ばれた手段を行使しての成立だったので、内容的には特に評価出来るものではなかった。だが、民主党の南部選出議員たちの反発を抑えて法案を成立させた政治手腕はまさに「奇跡」的だった。

「ケネディ路線の継承」――遺産と実績

そんなジョンソンが「ケネディ路線の継承」を早々に打ち出した以上、真っ先に取り組まなければならなかったのが、新しい公民権法の成立だった。六三年六月にケネディ政権によって提出された法案は議会で足止め状態になっていた。南部議員の激しい抵抗で委員会での審議もままならない状況だった。黒人差別に対して何かがなされなければならない、は当時の国民的合意だったと言っても差し支えないだろう。この合意に、ケネディへの追悼の思いが力を与えている、と判断したジョンソンは積極的に議会に働きかけた。

彼は共和党の指導的立場にいたエヴァレット・ダークセンの愛国心と名誉心に訴えた。ダークセンは所属政党の異なる大統領が頼りにしてくれている自負心で、共和党内部を見事に団結させた。それによって、南部民主党の抵抗を完全に抑えきった。最終的に議会を通過した新しい公民権法案は六四年七月二日にジョンソン大統領が署名し、「六四年公民権法」として成立した。

あらゆる公共の場における差別を撤廃し、雇用における差別、住居選択における差別、教育現場での差別など、社会生活における差別がすべて禁止されることになった。そして、現実の差別には連邦政府がこれを取り締まる権利を持つことになった。さらにそれまで何らかの形で差別が実施されていた事実のある投票所には、今後、選挙の度に連邦政府の監視官を派遣する権利を持つことになった。つまり、これまでは連邦政府からの「内政干渉」を拒否していた州の権利、つまり州権をこの問題に関しては否定したのだ。

ケネディ政策の継続には減税や貧困対策などがあった。

ケネディは完全に停滞状態だった景気を回復させるために、財政赤字を無視して大幅減税することを目指した。ジョンソンは経費節減を優先して財政赤字を削減することを提言した。その上で減税することを主張し、赤字を理由にして減税に反対していた勢力の懐柔を図った。結果として、国防費の削減により政府の支出を抑え、減税を実現することに成功した。六四年二月、議会は個人所得と企業所得の所得税を大幅に削減し、ケネディの目指した景気刺激を可能にした。

貧困対策はケネディ政権の目玉となるはずのものだった。だが、実際には、政権内部での議論にとどまっていて、ケネディ大統領自らが公にこの問題を論じることはなかった。ジョンソンにしてみれば、国民の意識のなかに当然のように存在していた「ケネディ＝貧困対策」の公式を破壊する機会だった。ケネディがこの政策を公言していなかっただけに、もし何らかの対策を打ち出せれば、それはまさに彼の業績となる。

政権継承の段階でのジョンソンの心理状態は複雑だった。暗殺直前には高い支持率を得ていたケネディの後継者として、当然、彼は「政策継承」を打ち出さないわけにはいかなかった。ケネディを無視すれば、国民は彼を無視する。このことが明白である以上、彼は減税と公民権に全力で当たった。ケネディが成しえなかったことを実現させた政治的力は高く評価されて当然なのだが、でもそれはあくまでも「ケネディの政策」であって、ジョンソンのそれではなかった。

減税と人種差別問題の解決というケネディの政策の実現を目指す一方で、貧困対策は自分の政策として前面に打ち出していった。国民の意識では、これもケネディの遺産ではあったかもしれないが、彼としてはあくまでも自分の政策だった。六四年一月八日の一般教書で彼はこう宣言した。「この政権は今日、今ここで、アメリカにおける貧困に対して無条件の戦争(the War on Poverty)を宣言するものであります」

大学生への財政援助、失業者の訓練プログラム、中小企業および農業従事者への補助金、貧困地域の福祉活動をする人々への財政援助、地域社会が貧困者の自助努力を補助する活動への財政援助などアメリカの歴史では初めての積極的な貧困者対策を盛り込んだ法案を議会で承認させたのだった。ただ議会の懐柔策として支出総額を一〇億ドルにとどめたために、実質的な効果はあまり期待できるものではなかった。

「偉大な社会」——〝実務家〟大統領の成果

六四年春には秋の大統領選挙への出馬を真剣に考えだしたジョンソンは、ケネディの考えた新しいアメリカをさらに一歩前進させた「偉大な社会」の建設を一大目標とした。社会は単に経済的な豊かさを尺度としてのみ考えるべきではない。貧困や差別がない、その意味では福祉が充実した社会こそが、よい社会なのだ——アメリカはそんな偉大な社会を実現しなければならない——が彼の主張となった。「これからの半世紀の挑戦は、アメリカ国民が自分たちの富を使って自分たち国民の生活を引き上げ、アメリカ文明の質を向上させるだけの知識を持っているかどうか」を明らかにすることなのだ、と彼は言った。「……我々が生きている間に豊かな社会や強大な社会に向かっていくだけでなく偉大な社会に向かって上昇していく機会がある」のだと。そして、そのような偉大な社会こそ、すべての人々に豊かさを供与し、貧困をなくし、人種的平等を達成し、子供たちを教育し、大都市を再活性化し、環境を美化させることが可能なのだ、と。その社会は単なる目的ではなく、「……自分たちの労働が生み出す素晴らしい製品と自分たちの生きる意味とが一体化する運命に向けて我々を鼓舞していく、常に新しい挑戦でもあるのだ」と説明した。

この「偉大な社会」のスローガンで共和党候補のバリー・ゴールドウォーター上院議員に圧勝したジョンソンは、晴れて自分の大統領としての道を歩みだしていくことになった。のちに政界から引退したジョンソンは一九七一年に大統領時代の回想録（*The Vantage Point*）を出版した。この本の表表紙の裏にケネディの後継者として大統領になってから六九年に辞めるまでの期間に成立させた二〇〇を超える法律の一覧を掲載している。すべてが福祉関係のものではないが、先に述べた貧困に対する戦争を勝利に導くために、彼が次々と打ち出した法律が列挙されている。

低所得者への財政援助と食費補助のための「フードスタンプ（食糧切符）」、高齢者医療補助のための「メディケア」や、低所得者への医療補助（メディケイド）など、アメリカの福祉国家化と呼ばれ、今日もなお続いている一連の政策は彼が充実させたものだ。

本来、自立と自助を根本理念として社会が作られたアメリカにあっては、いわゆる社会福祉はその理念と相容れないものだった。働かざる者食うべからず、が現実だった。キリスト教の教義やダーウィンの進化論さえこの現実をよしとする手段とされた。進化論など本質的にはキリスト教の教義を否定するものであったのだから、この二つを反福祉の理論的基盤とするのは実に奇妙なことだった。だが、それさえも許されていた。

働き手の若者たちが自分たちの生活を求めて親元を離れる（自立）のが当たり前だった社会では、定年退職した老人たちは社会から見捨てられた存在でしかなかった。それはマイケル・ハリントンが指摘していた失業者も同じことだった。働きたくても働き口がない人たちも見捨てられていた。

したがって、ジョンソンが描いた夢である偉大な社会の建設には、根強い反対があった。その反対を押し切っての福祉国家への舵とりだったのだから、回想録の冒頭でその成果を見せつけた彼の気持ちは理解できる。彼でなければ当然不可能なことだったからだ。

本書の後半で触れることになるだろうが、現在のオバマ大統領が直面しているのは、今になってさえこの偉大な社会のプログラムを縮小しようとする議会だ。この現状を見ると、アメリカ社会における「反社会福祉」の根強さには、ただ驚かされるばかりだ。

いずれにしろ、回想録のなかのジョンソン自身のことばを借りると、自分が大統領だった期間に「……健康関係の政策への年間支出は四一億ドルから一三九億ドルに増大した。教育関連支出は二三億ドルから一〇八億ドルに、高齢者への補助金（老齢年金を含む）は一七四億ドルから二九〇億ドルに、そして貧困者への補助金は一二五億ドルから二四六億ドルに増大した」という。

ジョンソンはもっと予算をつけたかったが、お金には限度があった、と残念がっている。

彼の説明によると、ひとつには予算をつけても現実にそれを有効に使えるだけの組織がまだ未整備だった、そのために一〇〇パーセントの効果を発揮できなかったこともあったという。たとえば、ニューヨーク市の貧困対策費として計上した一〇三〇万ドルが市側に準備が整っていなかったために使われることがなかったという。そして、ベトナム戦費がやはり彼が望むだけの福祉対策費を捻出するのを妨げてしまっていたと回想している。

だが、彼が遠慮がちに揚げている数字を見ても、彼の時代にアメリカが大きく変化したことは分かる。

さらに、隠れた業績として「ヘッドスタート・プロジェクト」がある。ジョンソンは貧困をなくしていく手段のひとつとして、移民や低所得者たちの教育への機会を増大しなければならないと考えた。そのためには「正しい英語」を学ぶ機会を与えることが重要だと。そこでこのプログラムによってテレビでの英語教育番組を推進したのだ。この番組が日本でも放送された「セサミ・ストリート」だ。連邦政府の支援によって始められることになったこの番組が移民の子供たちや低所得層の子供たちの語学能力の進展に果たした(果たしている)役割は無視できない。

このテレビ番組に焦点が当てられているが、このプロジェクトは対象の就学前の子供たちの医療や栄養などの面でも支援をして、小学校入学時に恵まれた子供たちと同じスタートが切れるような環境整備にも重要な役割を果たしたのだ。

まさに、「偉大な社会」の政策はケネディが目指していた理想の国家を現実化しようとするものだった。福祉国家への転換にもかかわらず、GNPは六四年に前年比三八〇億ドルの増加を示した。経済的には戦後第一の繁栄を謳歌することになった。また、六五年に「投票法」を成立させたことで投票の機会を奪われていた黒人たちが、教育や雇用の分野と同じように権利の回復を果たしていた。

この投票法は議会での反対も根強かった。だが、法案を審議中の議会で、全国中継のテレビカメラの前で行った演説で、ジョンソンは一九六〇年以後、黒人の公民権運動の「聖歌」となり、ジョーン・バエズなどの歌手によって一般にも広まっていた歌 “We Shall Overcome”（「勝利を我らに」）の一節を引用した。黒人たちの平等の権利を求める運動は「……アメリカ黒人が努力し続けているのは、アメリカ人としての恵まれた生活のすべてを自分たちにも確保するためなのだ。彼らの信念は我々（白人）の信念でもあるのです。頑迷な偏見と不正義……に打ち勝た（overcome）なければならないのは、黒人だけではなく……我々すべてなのですから」

実に珍しく聴く者の心に直接訴えてくる演説の最後を、“We Shall Overcome” のことばで締めくくった。この演説の四カ月後、法案は上下両院を通過した。

白人による人種差別は本来なら「六四年公民権法」が成立したことで消滅していなければならなかった。だが、連邦政府の指導があっても、生活の面での差別はそう一気になくなるわけではなかった。多くの白人の心を蝕む人種偏見という魔物がいた。特に、黒人の社会進出を恐れた南部などでは、黒人が持つことになったはずの平等の投票権を行使させない現実が残っていた。

こうした差別と偏見に対して、黒人たちも抵抗するようになっていた。公民権法成立までは自分たちの権利を訴え、それを得るための最も有効な手段として「非暴力」を掲げていたキングたちに対して、心の中の偏見があるうちは真の平等はありえない、と主張するグループが生まれていた。彼らは白人の力に対しては黒人も力を示すべきだ、「歯には歯を、目には目を」の考えこそが黒人を真に救うのだと主張した。

彼らは白人との融和と共生を説くキング牧師らに対して、黒人と白人の分離を説き、その分離は暴力（革命）によってのみ実現するのだと説いた。イスラム教に救いを求めた彼らは「ブラック・モスリム」（Black Muslim）と呼ばれることになるが、武器で武装した過激集団化していたのだ。キング牧師の指導力の低下、と当時懸念されたことだが、黒人の運動の質とその目的が大きく変わっていたことを意味していた。

ブラック・パンサーズ（黒豹党）を名乗る過激な集団を例としてアメリカ国内は急速に治安が乱れ、社会不安が増大することになった。

投票権法が成立したのはそんな状況の中だった。六四年の公民権法の成立が、過激な黒人集団を強大化させたことは歴史の皮肉としか言いようがないが、"We Shall Overcome"の歌詞の一節にある「……心の深いところで、信じている。いつか必ず勝利することを」（Oh, Deep in my heart/ I do believe/ We shall overcome someday.）の勝利が、従来この歌を歌い続けてきたキング牧師たち黒人指導者の言う白人社会の中での黒人の人間としての尊厳と社会的地位ではなく、黒人が白人を支配して初めて勝利なのだと考えれば、過激派の主張も理解できないわけではない。

ともすれば、公民権運動だけでなく、誰の人生にとっても応援歌となりえるこの歌をジョンソンが実に巧妙に演説に使ったことが、投票権法の成立につながったことは間違いないし、この法律が最終的に二〇〇九年一月、オバマ大統領の就任式の会場で"We Have Overcome"（我々は勝利した）の看板を捧げる人たちがいたことにつながったのだ。

もちろん、この看板は自分たちが勝利したことを「俺たちは勝ったぜ」という語感で表現したものだろうが、オバマの就任はまさに黒人の白人に対する勝利だった。しかも、この時の就任式の日（憲法で規定されている）が、一月の第三火曜日だったこと、つまり、その前日が「キング牧師の誕生の祝日」だったこともまた歴史がなせる「洒落」だった。キング牧師の誕生日は正確には一月一五日だが、一九八六年に制定された法によって、国民の祝日としての誕生日は一月の第三月曜日に定められていたのだ。この時、四半世紀後に黒人大統領が誕生するなどとは誰も予測することはできなかった。

ついでになるが、一九六七年六月にジョンソンは最高裁判事のひとりに黒人のサーグッド・マーシャルを任命し、議会の承認を得た。史上初の黒人判事の誕生だった。南部出身のジョンソンが、投票権法の審議中の議会で言ったように、彼が「頑迷な偏見と不正義」を心に持たない政治家だったことを、別の言い方をすれば、彼が世の中の大きな流れを読み、その流れに乗ることに長けていた政治家だったことを表している。

ケネディ路線からの逸脱――ベトナム戦争

ジョンソンの時代は前政権から引き継いだ夢を実現させた、と言える。経済的に好調だったこともあってアメリカ史上、特筆するべき「よい時代」だった――はずだった。

そんな「よい時代」の状況、国民が満足して大統領の人気も支持も高止まりするべき状況を、国民から完全に無視され、忘れ去られてしまう現実に陥れたのが「ベトナム戦争」だった。

第二次世界大戦後、「共産主義革命」を世界に広めようとする動きを示したソ連の動きを牽制しなければならない、と決意したのがアメリカだった。トルーマン政権は「封じ込め」政策を打ち出して、すでにソ連の影響下に置かれてしまった東ヨーロッパ以外の地域へのソ連の進出を阻止しようとした。その封じ込めも、五六年のハンガリーでの民主化運動を支援する介入をアイゼンハワー大統領が躊躇したために、それほど重要な意味を持たなくなってしまった。それだけに主にアジア、アフリカへのソ連の進出を拒もうとする意欲は強かったといえるだろう。

日本が東南アジアから敗退したあとの国づくりで、ラオス、ベトナムが混乱した。もちろん、中国本土も、朝鮮半島も日本の支配から解放されたことで大混乱に落ちってしまったわけだが、朝鮮戦争による南北分断や、共産軍に敗れた蒋介石が台湾に逃げたことで決着がついてしまった中国など、それぞれの事情で落ちついた地域もあったが、インドシナを中心とする東南アジアは(インドの独立運動も含めて)まだ混乱状態にあった。

ラオスに関してはケネディ政権で曲がりなりにも解決をして、ソ連から援助を受けていたパテト・ラオが武装闘争を止めていたので、ジョンソンにはベトナムが一番の問題だった。

フランスをベトナムから撤退させたホー・チ・ミンの指導の下で共産主義国家として統一されては困るアメリカは、「ドミノ理論」という浅薄な概念を振り回してベトナムに介入した。東南アジアのどこか一か国が共産陣営に加わったら、ドミノが倒れるようにそれは隣国へ伝わり、ひいては東南アジア全土、そして果ては韓国、日本までもが共産化されてしまう。だから、最初のドミノが倒れないようにしなければならない、というのがこの「ドミノ理論」だった。

ケネディは前政権の方針を引き継ぎ、ベトナムに「軍事顧問団」を維持していた。だが、北ベトナムの支援を受けたゲリラ組織である「ベトコン」の活動が活発化するに従い、顧問団を増強して二万三千人ほどの米軍を南ベトナムに送っていた。ケネディは存命中、数度の調査団を送って現地の状況を正確に把握しようと努めていた。だが、南ベトナムでの反政府運動が激しくなるなかで、ゴ・ジン・ジェム政権では国内の統一を維持できないと危惧する軍部やCIAの忠告に従って、六三年一一月初旬にジェムを殺害するクーデターの実行にゴーサインを出した。

何とか新しい政権によって南北ベトナムの融和を図ろうとしたわけだが、その直後に彼自身が暗殺されてしまっていた。だが、この年の一〇月にケネディはベトナムからの撤退を決意し、とりあえず年末までに一〇〇〇人の削減を命じていた。彼が集めた情報では、結局、ベトナムのことはベトナム人の判断に任せるべきだ、たとえホー・チ・ミンが全土を掌握することになっても、と結論づけるしかなかったのだろう。

ジョンソンは、国内政策ではおそらくは本来の思想的立場を捨ててケネディの方針を堅持し、場合によってはケネディの希望以上にアメリカ改善に向かったが、唯一、ベトナムだけは逆に向かった。ベトナムからの撤退はソ連への、共産主義への敗北だと信じていた彼は、政権引き継ぎの直後から独自路線を取った。つまり、ベトナムにより深く介入し、南ベトナムを強固な民主主義国として守り続けることを決意していたのだ。

一九六四年八月二日、北ベトナムのトンキン湾で哨戒活動をしていたアメリカの駆逐艦マドックス号が魚雷攻撃を受けた。そして、二日後、マドックスの支援に回っていたターナージョイ号も攻撃を受けた。この知らせに過敏に反応したジョンソンは、「あらゆる報復手段を取る」権限を議会に求め、議会もこれに応じた。下院は賛成四一六、反対〇、上院は賛成八八、反対二という圧倒的大差で大統領を支持した。これが「トンキン湾決議」として知られるものである。

この決議が可決される前に、ジョンソンはすでに北ベトナムの魚雷艇基地と燃料貯蔵所への空爆を命じていたが、議会の同意を得たあとで本格的な空爆を決意した。おそらく、六〇年代最悪の決断だった。ここに北ベトナムへの大規模な空爆、いわゆる「北爆」が開始されたのだ。

議会の票決を見るまでもなく、ジョンソンの報復決意に対して無条件に同意するほどの怒りを表していた国民ではあったが、国防総省が作成した秘密文書、『ペンタゴン・ペーパーズ』が一九七一年に漏洩され公表されると、二度目の北ベトナムによるターナージョイ号への攻撃は実はジョンソン政権の捏造であったことが判明した。折から激しさを増していた反戦運動に勢いを与え、アメリカ国内は混乱し、連邦政府への国民の信頼感は失われることになった。

ジョンソンは、ベトナムへの本格的介入を望み続けていた軍部の要請に屈したのか、またはこの要請を拒否して撤退の決意を固めていたケネディが、その決意のために暗殺されたと推測したのか、その理由は定かではないが、ただジョンソンは抜け道のない軍事介入を始めてしまったのだ。ケネディ路線からは大きく外れていった。

一九六五年三月に海兵隊三五〇〇人を急派したことを皮切りに、ソ連・中国から軍事援助を受けた北ベトナムからの支援で、ベトコンによるゲリラ攻撃が増大していくなか、ジョンソンはアメリカ軍の大量投入を決意せざるを得なくなった。六五年末には一八万、翌年末には三八万、そしてさらに六七年末には四八万、ジョンソン政権最後の六八年末には五四万の米兵がベトナムで戦闘行為に関わっていた。それとともに戦死者の数も増え、六八年一年間で三万人を越し、さらにこの年の負傷者数は二〇万人を超える状況にまでになっていた。

ジョンソンによる本格的介入だったが、北ベトナムを支援するソ連・中国を巻き込ませないという戦闘遂行上の大きな制約があり、その上、南ベトナムには国民に信頼される政府が生まれず、そのために彼らに戦う意欲も国を守ろうとする愛国心も欠けてしまっているという現実に、アメリカ軍は成果を上げることができないまま時間と戦費、そして何よりもアメリカの若者の命が浪費されていった。

当然、アメリカ国内でもこうした状況への苛立ちと不満が高まりだしていた。もっとも早く戦争反対の声を上げたのが、徴兵対象となっていた若者たちだったが、六五年に大学生に対する徴兵猶予が取り消されると、大学生を中心とした反戦・反政府運動が全国的に盛り上がりを見せだした。

折から、第二次世界大戦後に生まれたベビーブーム世代が大学生となる年齢に達していた。このベビーブーム世代は、アメリカだけでなく日本を始めとして世界的な規模で登場してくるのだが、自分たちの親の世代と比べると圧倒的な人数で構成され、そして戦後の経済的豊かさと経済発展のなかで親の世代が「押し付けてくる」世間的常識や価値観に反発した。ビート族(ビート世代)とも言われたように、新しい音楽であるロックンロールに熱中し、オートバイでの暴走行為をし、それまでは労働着として社会的には非公式なものとされていたジーンズを好んで着用し、それまでの「常識」への抵抗を表現するために髪の毛を伸ばし、そして北爆が開始されると将来への絶望からか刹那的な快楽を望むようになった。ヒッピーと呼ばれた集団が代表的なものだろうが、伝統的な衣服を否定し、伝統的な家族を否定し、集団生活をしながらフリーセックスを主張して「新しい価値観」を標榜するようになっていた。この動きのなかに、おそらくは精神的安定を求め、そして更なる抵抗心を表現する手段としてマリワナなどの「ドラッグ」が流通するようになった。マリワナは大学キャンパスを中心に急速に広まったが、これは親の世代が始めた戦争には絶対に反対という強い反戦意識を根底において支える力となった。

反戦運動を通じて大学生たちは「大学改革」を求めるようになった。砂上の楼閣として世間から隔離された、そして旧態依然の内容でしかない講義科目への不満、伝統的な学生としての服装規定、学内での自由な集会を許さない学則などへの反感が大学内部へと向けられていった。六八年にニューヨークのコロンビア大学で起きたような学生たちによる全学スト、そして学長室や理事長室という大学執行部がある建物の占拠といった実力行使が全米各地の大学に広まっていった。

のちに「カウンター・カルチャー」(対抗文化)と名づけられた新しい価値観や人生観に基づく若者たちの声は音楽を通じてより広い支持を得るようにもなっていった。五〇年代初めにすでに歌われていた「花はどこへ行った」が改めて大ヒットし、ボブ・ディランの「風に吹かれて」「時代は変わる」「戦争の親玉」、ピーター・ポール・アンド・マリーの「悲惨な戦争」「虹とともに消えた恋」、バリー・マクガイヤーの「明日なき世界」、ピート・シーガーの「腰まで泥まみれ」などが、歌手を越え、世代を越え、国境を越えてヒットした。ジョンソンがベトナム戦争解決のために米軍を増派すればするほど、反戦の歌声は高まっていった。そして、一九六九年八月、ニューヨーク州のウッドストックで催された音楽祭で、その歌声はその場に集結した四〇万人の前で三日間にわたって響き続けたのだった。

ジョンソンにとってベトナムでの勝利は絶対に達成しなければならないものだった。国内政策で成功しても、その成功はケネディのものだった。だが、ケネディが望まない戦争を継続する以上、これは彼自身の戦争として勝つ必要があった。撤退＝ドミノ倒れだとすれば、容共ゆえのケネディの平和よりは、戦後のアメリカの外交政策を継承する南ベトナムの防衛は絶対に達成しなければならなかった。だが、彼が向きになって勝利を目指せば目指すだけ、それは単に「ジョンソンの戦争」となり、反戦運動はますます勢力を持つことになった。当初は若者中心の反戦運動に、次第に世代を超えた人々が参加するようになっていた。

徴兵を控えた若者たちが、その不安を取り除くためにドラッグに走った。それはまた反体制、反政府、そして反戦の共通要因として広まっていった。ドラッグは時に社会不安を引き起こすことにもなった。ジョンソン政権の間、反戦運動と過激化した黒人グループの活動によって、社会は混乱状態に陥っていた。当然のように、ケネディの時代を懐かしみ、惜しむ声も大きくなっていた。

ケネディ兄弟の影におびえるジョンソン——大統領戦から撤退

ジョンソンにはケネディへの強いコンプレックスがあった。ケネディはジョンソンが持たないものを持っていた。実業家として成功し、計り知れない財産を築き上げ、駐英大使を勤め上げた「偉大なる父親」、その父を助けながら九人の子供を育てた母親、団結心の強固な兄弟姉妹、太平洋戦線で部下の命を守った勇敢な行動に対して贈られた勲章と英雄としての評価、美しく、若い（干支ではちょうどひと回り）妻と可愛い幼い二人の子供たち、そして劣勢を挽回して勝利した大統領選挙で見せたカリスマ性。どれもジョンソンにはないものだった。

本来ならジョンソンは自らが持つ仲間の議員を説得し、党派を越えて団結させることができる特異な能力を持っていた。その能力によって上院院内総務という大役を見事にこなしていたし、大統領としてもケネディ政権では成立させることが不可能と思われていた法案を次々と可決させていた。したがって、このことを自慢できたはずだし、ケネディに何らコンプレックスを感じることはなかったはずだった。

しかし、当然自分が大統領候補となるはずだった一九六〇年の民主党大会で、その地位を彼から奪い取り、しかも上院の要職にある彼を副大統領という閑職に追いやったケネディに対しては、憎しみを含んだ複雑な気持ちを抱きながら、「勝てない」という意識を強く持つようになっていた。彼が同じ上院で「小生意気な若造」として扱い、そしてまた長い入院・闘病生活を理由に議会を休むケネディを小バカにしていただけに、この敗北感は大きかったのだろう。

また、ケネディ大統領の弟で、ジョンソンにしてみると「縁故採用」でしかなかった司法長官だったロバート・ケネディの存在も、また彼の劣等意識を増幅させたのだった。ロバート・ケネディ(通称ボビー)は大統領より八歳年下で、母親譲りの強い信仰心を持ち、それゆえの強い正義感を持つ男だった。兄により任命された司法長官就任時には三五歳。ジョンソンから見ればまだほんの「小僧っこ」にすぎなかった。だが、この小僧は、兄が所属していた上院の「労使関係の不正行為調査特別委員会」(通称、マクレラン委員会)の特別顧問として、労働組合の腐敗を徹底的に追及したことがあった。最終的には顧問を辞したあと、『内部の敵』という本を刊行したのだが、アメリカの代表的な労働組合である「チームスターズ」のジミー・ホッファ会長を、持ち前の正義感を丸出しにして、徹底的に追及した。この委員会での聴聞会の様子は全米にテレビ中継されていたのだが、「親分」的雰囲気を持つホッファを追い詰めるこの「小僧っこ」は、一躍全米の注目を集める存在になっていた。

院内総務として、もう少し穏便にことをすませたいと願っていたジョンソンには、実に迷惑な男だった。ホッファを追い詰めはしたものの、結局は労組の腐敗を正すことができなかったロバートにすると、ジョンソンは裏工作をして自分を邪魔した悪なる政治家だった。ジョンソンは特に委員会の活動に表立っての干渉や邪魔をしたわけではない。だが、二人の間にはいつしか「わだかまり」が残ることになった。

一九六〇年八月、民主党の大統領候補に指名された兄が、副大統領候補としてジョンソンを選ぶと言ったとき、ロバートは猛烈に反対した。それでもジョンソンに兄の決定を伝えに行かざるをえなかったロバートの態度は、年長の大物政治家には余りにも礼儀をわきまえない不遜な小生意気な小僧のそれでしかなかった。そのロバートが単なる司法長官の役割を越えてホワイトハウスの管理官、つまり大統領の代理人のように行動するようになると、彼に対するジョンソンの印象はさらに悪いものになった。

だが、兄の暗殺後、兄に代わるものとして国民が期待を寄せたのは、副大統領の自分ではなく、司法長官のロバートだった。ジョンソンは、改めて「ケネディ」の名前が持つ壮大な力に恐れおののくしかなかったし、ロバートがいつ自分に取って代わるかという不安につきまとわれることになった。ロバート自身は、ジョンソン政権には兄の政権からの残留組がいたために、いたずらに批判はできないと判断して、反ジョンソンと受け止められる言動は控えていたが、これが逆に「いつか襲い掛かってくるためのカモフラージュ」だとの思いをジョンソンに与えていたのだった。

ジョンソンが「大物政治家」であることは疑いのない事実だったが、一方では自分の地位に汲々とする小心者だったのかもしれない。議会操作と内政にあれだけの成果をあげながら、なお心には不安を抱き続けていたのがジョンソンだった。


その不安が一気に統制不能な状態になったのが一九六八年三月だった。この年の大統領選挙では苦戦が予想されていた。だが、ベトナムさえ何とか好転させれば、現職の強みで乗り切れると思っていた。それゆえに、民主党の候補指名を受けることも当然と考え、前年秋から盛んになってきていた予備選挙も無視することにしていた。自分を脅かす存在として恐ろしいのは、六五年以降ニューヨーク選出の上院議員となっていたロバート・ケネディだけだったが、彼は不出馬を表明していた。だから、他に誰か出馬するとしても、泡沫候補にすぎず、自分を破ることは絶対にない、自分は安泰だと高をくくっていた。

ところが軽視していたユージン・マッカーシー上院議員の選挙運動が高まりを見せるにつれ、自分は安泰とする平常心は失われていった。この年が明けると同時に北ベトナムによるテト攻撃が状況を悪化させていただけに、彼らの「ベトナム即時撤退」の叫び声は多くの人々の共感を得るようになっていた。

マッカーシーは、本来ならロバート・ケネディを支持するはずの若者たちを取り込んでいた。「子供たちの十字軍」と呼ばれたこの若者たちは、実に献身的な努力で運動を盛り上げていったのだ。その結果、三月一二日のニューハンプシャー州の予備選挙で波乱が起きた。ジョンソンは四九・五パーセントの票を集めて第一位を確保した。マッカーシーは四二・四パーセントで二位だった。表面的にはジョンソンの圧勝だったのだが、問題があった。

ひとつは現職の大統領が再選を狙った以上、予備選挙では過半数以上の票を取るのが当たり前であり、その得票をどこまで伸ばせるかだけが焦点だった。だが、ジョンソンは過半数に届かなかった。第二には票の実数だった。二人の票差は三九六三票だったのだが、当時のニューハンプシャー州では共和党員でありながら民主党に投票することが許されていたいわゆる「書き込み投票」の制度があった。この書き込み投票を加えて計算すると、その差はわずか二三〇票だった。

書き込み投票の数が多いということは、明らかにマッカーシーの方が党派を超えた支持を得ていること、つまり本選挙ではより「強い候補者」である可能性を示していた。したがって、翌朝の新聞には「ジョンソン敗北」「マッカーシー勝利」の文字が躍ることになった。

ベトナム反戦のみを訴えていたマッカーシーがこれだけの健闘をした事実は、ジョンソンのベトナム政策がいかに国民から疎んじられていたかを如実に表してもいた。

ジョンソンにとってはあってはならない事態だったが、その直後、もう一つの衝撃が彼を襲った。出馬をあれほど拒絶していたロバート・ケネディが参戦してきたのだ。本選挙で共和党候補者に勝てるのはマッカーシーではなく、自分だというのがその本心だった。だが、ケネディの名前にただでさえ劣等意識を持つジョンソンには、もうその意識を克服するエネルギーは残っていなかった。

テレビカメラに向かった大統領は、民主党の大統領候補指名は受けないこと、つまり事実上選挙戦からの撤退を宣言した。そしてその上で北ベトナムへの爆撃（北爆）を中止する命令をだしたことを明らかにし、和平に向けた北ベトナムとの交渉が速やかに始まる希望を表明したのだった。

もはや自分の力では反戦勢力を抑えられない、別の言い方をすればベトナムを巡って分裂を大きくするアメリカ社会を統括することができないというのが本心だったのだろうが、国民に向けてはベトナム和平のために自分の政治生命を賭ける局面を作り出すことで、最後の花道を演出した。

このジョンソン撤退をもって、マッカーシー、ケネディ、そして密かにジョンソンが後継者として支援したハンフリー副大統領の三つ巴の指名争いに突入することになった。反戦グループを背景にしたマッカーシー、兄の栄光の復活を期待する熱狂に押されたケネディ、そして予備選挙を戦うことを拒否して地方の実力者たちの取り込みで民主党の全国党大会を乗り切ろうと画策するハンフリーの三者三様の戦いだった。ある意味での「新参者」マッカーシー、急に態度を変えたために「日和見主義者」とされたケネディ、そしてジョンソンと二重写しになるハンフリーと三人はそれぞれに弱点を抱えていた。だが、その中で、やはりロバート・ケネディの躍進と、熱狂する観衆が押しかけるその選挙戦がひと際目立っていた。

だが、民主党の候補指名を得るうえで最重要拠点と言われたカリフォルニア州の予備選挙に勝ち、支持者たちを前に勝利宣言をした直後、ロバート・ケネディに三発の銃弾が命中した。右耳の後に当たった銃弾が致命弾となった。病院での必死の手当ての甲斐なく、被弾から丸一日過ぎた六月六日の午前一時過ぎ、息を引き取った。まだ四二歳だった。妊娠中の妻と一〇人の子供たちが残された。そして……ケネディ兄弟に国民が見た夢が終わった。

この時点で、もともと指名を獲得するだけの力はないと見られていたマッカーシーではなく、ハンフリーが絶対有利になった。そして予備選挙を一度も戦わないまま、彼はシカゴで開かれた民主党大会で候補指名を受けることになった。ベトナムは和平を目指すといくら説明しても、ジョンソンの副大統領だった男のことばに説得力はなかった。彼の指名と同時に大会場の外にいた反戦運動家と彼らに率いられた若者たちが騒ぎ出し、これを鎮圧する地元の警察との間で流血の騒ぎとなった。反戦運動家を嫌ったデイリー・シカゴ市長の後押しが警察側の暴力行為につながったとされたが、マッカーシーの支持者を無視して、ベトナム反戦の叫びそのものを完璧に否定した党大会の運営に最も大きな原因があった事件だった。

〝負け犬〟ニクソンの復活とリベラリズムの終焉

この出来事が国民に与えた印象はかなり悪いもので、共和党の候補となっていたリチャード・ニクソンが「負けるばかりの候補者」から「勝てる候補者」と急転回した。現職副大統領でありながら「新人」ケネディに敗れ、その二年後のカリフォルニア州知事選挙にも敗れたために、〝負け犬〟とさえ酷評され、その政治生命は終わったとみなされていたニクソンのみごとな復活だった。「ニュー・ニクソン」と新しいイメージの売り込みに成功したことと、本来は民主党支持でありながら、反戦運動家を嫌い、黒人の台頭を嫌う南部白人たちの支持を得る「南部戦略」の効能によって、予備選挙の間から着実に支持基盤を固めていたのだった。

一一月の本選挙では、ケネディと争った六〇年の選挙同様の大接戦の末、ついにニクソンは第三七代大統領に当選したのだった。貧しい人々、少数民族集団といったいわゆる「社会的弱者」に同情を寄せていたケネディ＝ジョンソンの路線が、ここで完全に遮断されることになった。社会的地位を得ようとする黒人たちの運動や反戦運動を、社会的混乱を引き起こすだけの「反社会行動」とみなし、世界の平和秩序を乱すのはソ連だという徹底的な反共主義を貫いていたニクソンの「法と秩序」という選挙スローガンが国内に予想外の支持を得た結果の勝利だった。

ニクソン政権の誕生は当然のように「リベラリズムの終焉」を意味していた。ひとつの時代の終わりだった。しかし、一九六八年は単にホワイトハウスの住人がリベラル派から保守派に変わったというだけの変化ではなかった。黒人指導者として圧倒的な支持を得ていたマーティン・ルーサー・キング牧師が四月に、そしてアメリカの正義として、リベラル派の代表として国民の期待を集めていたロバート・ケネディが六月に暗殺された。二人がそれぞれ強烈な印象を与えていただけに、二人の死はリベラル派の後退を強く認識させることになった。その上、ニクソン当選後、最高裁長官として黒人をはじめとする弱者たちの利益を最優先させる判決を続けてきたアール・ウォーレンが辞任した。アメリカ社会を根底から変える、つまり価値判断を逆転させる判決を出せる裁判官は、彼の他にはいなかった。後任に指名されたのは、ニクソンと共同歩調を取れそうなウォーレン・バーガーだった。リベラル派は「リベラリズム」という精神を担いで前進していく旗手を完全に失ってしまったのだ。

ニクソン政権の第一期目は選挙戦で強調した「ニュー・ニクソン」としての新鮮味はなかった。むしろ保守の代表としての「法と秩序」を重視した権力志向の強い、従来のままの姿がそこにあった。

ニクソンは在任中に『帝王制大統領』(アーサー・シュレシンジャー著)と題した著作で批判されたほど、権力を振りかざした。

まず、就任直後の七月に、五四年の最高裁判決、そして翌年の最高裁提案によって黒人の不平等解消と地位向上のために実施されてきた、公立学校での強制的差別撤廃・人種統合政策を新学年度の始まる九月から実施しないと発表した。たしかに、学校内の人種統合を図るためには、通学バスを利用して白人と黒人の児童・生徒を場合によってはかなり遠い学校に送り込まなければならないという現実に、白人のみならず黒人の中からも不満の声が上がっていたことは事実だ。だが、アメリカ社会の一大目標であった人種統合の政策を、積極的に実施しないという政策転換には、一〇月に最高裁が、ニクソンが火急の目標としてミシシッピー州の三三の公立学校での統合中止に待ったをかけ、即時統合を命じたほどだった。

一九七〇年の二月には統合政策の担い手だった住宅・教育・福祉省の公民権局のレオン・パネッタ局長がニクソンからの圧力に抵抗して辞任する騒ぎになった。この辞任は一〇〇人を超える局員からニクソンに「失望」した内容の書簡が送り届けられ、また住宅・教育・福祉長官の下には省内の一八〇〇人ほどから統合政策に対する公式な見解と説明を求める要望書が出されたのだった。

言論への圧力と民主主義への挑戦

また六九年一一月には副大統領のアグニューを利用してのメディア攻撃を開始した。まず、アイオワ州デモインでの演説で、アグニューはメディアのほんの少数のコメンテーターたちが持つ破格の影響力を非難し、さらにアラバマ州モンゴメリー市では『ニューヨーク・タイムズ』と『ワシントン・ポスト』両紙を名指しで攻撃した。その後、州政府や連邦の関連部局に圧力をかけ、政府批判の記事を書いたり、秘密事項を暴露したりした記者を召喚して、刑事罰を取引材料にして情報源を明らかにするよう圧力をかけさせた。まさに、言論・出版・報道の自由に対する、そしてこの自由が民主主義の根幹だとすれば、民主主義そのものに対する挑戦だった。

さらに露骨な力を使用したのが、オハイオ州立大学のケント大学での反戦デモ鎮圧時だった。一九七〇年四月三〇日にニクソンが、中国からの北ベトナムおよびベトコンへの支援に利用されているとして、カンボジア国内の共産勢力の「聖域」に爆撃と軍事侵攻を命じたことを発表した。これに対して、アメリカ国内の多くの大学キャンパスは反戦のデモと集会で大荒れになった。五月四日、ケント大学でデモの取り締まりに当たったオハイオ州兵が学生集団に発砲して四人を死亡させた。一〇日後、ミシシッピー州のジャクソン州立大学で州警察の発砲によって二名の学生が死亡した。また、五月八日にはニューヨーク市内で建設工事の労働者たちが「反・反戦デモ」を繰り広げて気勢を上げた。それにも関わらず、その翌日には一〇万もの学生がワシントンDCに終結し反戦を訴えた。

まさに力で反対派を押しつぶしたのだった。選挙運動での標語「法と秩序」が予測していた通りの展開になった。だが、現実は、圧倒的な力の行使に国内の反発は大きく、秩序維持は困難だった。

七一年八月には突然、ドル紙幣の金との兌換を廃止することを発表し、そして戦後の世界経済を支え続けてきた原則を変え、固定相場だった為替を自由相場にすることを発表した。いわゆる、ニクソン・ショックだ。この発表には「従うしかない」というのが世界の対応だったが、秘密裡にことを運ぶニクソンの政策決定と権力で従わせるという態度が、「帝王制大統領」のことばに集約されたのだった。

言論統制の最たるものが、一九七一年六月一三日に起きた「ペンタゴン・ペーパーズ」(国防総省秘密文書)事件だった。この日、『ニューヨーク・タイムズ』紙が国防総省内で作成されていた秘密文書を連載し始めたのだ。この文書は一九六七年に当時の国防長官だったロバート・マクナマラの指示により、省内の研究チームによってまとめられたもので、ベトナム介入に至るまでの政策決定過程を日本軍の撤退直後の状況から分析したものだった。毛沢東の勝利によって「中国を失った」と感じたアメリカの政策立案者たちが、ベトナムは失いたくない、という強い思いで事態に対処したために泥沼化したベトナム介入になってしまったという衝撃的な内容の文書だった。この文書の発表はすぐに『ワシントン・ポスト』紙が続き、さらに全米各紙が続いた。

ニクソンはすぐに新聞への掲載中止を命じたが、この差し止め命令は六月三〇日の最高裁判決によって却下された。結果的には言論の「大勝利」ではあったが、新聞報道の自由を制限しようとする大統領の態度は国民には震撼ものだった。

ただし、この文書の作成に関わった元国防総省職員のダニエル・エルズバーグが公文書漏洩とスパイ防止法違反の罪で六月二八日に起訴された。ベトナム介入、つまりベトナムへのアメリカ軍投入に関して政府が国民を欺いていた事実を明らかにした「正義」が、そんな「悪」なる政府によって裁かれるという事態になったのだった。だが、最終的には七三年五月に、この起訴は撤回され、エルズバーグは自由の身となった。ニクソン側が彼のオフィスの電話に盗聴器を仕掛けていた事実とＣＩＡを使って彼の元精神科医からカルテなどの関連書類を盗み出していた事実、つまりエルズバーグに対して違法な捜査が行われていた事実が発覚したからだった。

ニクソンは大統領候補に立候補する直前に『フォーリン・アフェアズ』誌に論文を発表していた。この中で彼は泥沼化するベトナム戦争終結への提案をした。論文の主旨自体は中国との和解を示唆していたことで後に話題になったものだが、南ベトナムには経済援助と軍事援助は継続するものの、アメリカがこれ以上直接介入することは止め、南ベトナムのことは南ベトナムに任せる、いわゆる「ベトナム化」を強く訴えていた。

六九年七月にグアム島でニクソンはこのことを改めて訴え、アメリカ軍を引き上げることで、「武器は供与しても、アメリカ兵は与えない」、アジアの紛争はアジア人の手で解決させる方針を明らかにした。この方針を自ら「ニクソン・ドクトリン」と呼んだのだった。

だが、現実には力を信仰する彼が、たとえ段階的撤退であるにせよ、世界の警察官として存在し続けてきたアメリカの地位を自ら放棄するようなことをするわけはなかった。前述したように、結局はカンボジアへの爆撃の拡大とアメリカ軍の侵攻という圧倒的な武力に依存するだけだった。ベトナムの状況はさらに悪化し、国内の反戦運動はジョンソン時代よりも激しくなり、都市部は犯罪も増大し、次第に荒廃していった。

対中接近外交とベトナム戦争の終結

戦後のソ連との対決のなかで、ソ連と中国の両共産党を一枚岩と受け止め、世界戦略を練ってきたアメリカだった。ニクソンは、最初の大統領挑戦でケネディに敗れ、続いて挑戦したカリフォルニア州知事選挙で敗れ、そのために「お前たちが蹴飛ばすニクソンはもういない」との捨て台詞を記者団に残して政治から離れていた間に、冷静な現状分析に到達していた。

ソ連と中国は「共産主義」「共産党」ではひとまとめに括れない——むしろ、両者は対立し、国境争いさえしているという現実をしっかりと見つめたのだった。両国が対立しているなら、その対立を利用するという強かさをニクソンは持っていた。

国交のない中国と接近し、可能なら国交を回復する。核兵器さえ所有するようになってしまっていた中国を世界で孤立させるのはむしろ危険だった。だとしたら、アメリカ主導の下で国連に迎え入れ、責任ある世界の一員としての自覚を持たせた方がよい。また、米中の関係改善は、当然にソ連に強い警戒感を与えることになる。この警戒感を利用すれば、部分的核実験停止条約のあと目立った進展がない、だが米ソ両国の核弾頭数だけは確実に増加している現状を改善することができるのではないか——ニクソンの外交戦略の一環である戦略的核兵器制限交渉（SALT）にソ連を誘い込むことが可能になるのだ。アメリカの提案に乗らなければ、米中はますます関係を強めるぞ、という暗黙の圧力だ。

アメリカは、ソ連を説得して中国への侵略などさせない、と中国を納得させ、その見返りに北ベトナムに対する中国の影響力を利用して、北ベトナムがアメリカとの和平交渉のテーブルに着くようにさせる、という大胆な外交を展開した。

ニクソンは米中ソ三国の関係を冷静に判断して、中国との和解・和平をその政権の第一外交目標にしていたのだった。安全保障担当補佐官として政権入りさせていたヘンリー・キッシンジャー元ハーバード大学教授を密かに中国側と接触させた。七一年四月、日本で開かれていた世界卓球選手権に出場していたアメリカ選手団を中国が招くという、いわゆる「ピンポン外交」で世界を驚かせたあと、徹底した秘密厳守でキッシンジャーが数回中国入りして十分な準備をした。そして七二年二月、ニクソンの電撃的な北京訪問が実現したのだ。ニクソンと毛沢東の笑顔の対談の写真は世界に大きな衝撃的を与えた。世界の構図は大転換したのだった。

当然、この流れの中で、アメリカは中国を世界平和を求める良識ある国(現実にはまだ、国内を大混乱に陥らせた「文化大革命」は終わっていなかったのだが……)として世界に認めさせておく必要もあった。ピンポン外交で米中接近を匂わせながら、国連を中国承認に向けて動かし出していた。もちろん、中国は「ひとつの中国」を主張していただけに、中国を認めるということは国連創設時のメンバーで、安全保障理事会の常任理事国であるもうひとつの中国(台湾)を追い出すことになる。台湾にとっては、理不尽そのものの展開だったが、七一年一〇月二五日、国連総会は中華人民共和国を唯一の中国とする決議(つまり、台湾を国連から追放する決議)を採択した。アメリカは形ばかりの「反対票」を投じたが、世界の国々の過半数は時代の流れをそのままに受け入れていたのだった。

もちろん、アメリカの保守派のなかには台湾に同情する者が多かった。だが、その保守派の総代表のような存在のニクソンが「仕方ない」として選択したことに、彼らが特に反論したり、反発したりすることはなかった。台湾の命運は「ピンポン外交」で完全に決まってしまっていたのだった。

すべてが明らかになった段階で、キッシンジャー補佐官の隠密行動に焦点が当てられた。彼はニクソンの承認の下、アメリカ政府の外交担当であるはずの国務省、なかでもその長官であるラスクなどに自らの活動内容を知らせることなく、対中和平を遂行していた。ラスクは無視されていたことを知ると、キッシンジャーの動きを危険視し、対立を強めて行った。

安全保障担当補佐官は、国家安全保障会議の主要な一員であることは間違いない。だが、国務長官と異なり議会の承認なしに政権入りする。それだけにこの二人の間の軋轢は次第に外交政策遂行のうえで支障を生じることになった。しかも、キッシンジャー以後、この安全保障担当補佐官が歴代の大統領に重視されることになり、両者の勢力争いは現在にまで続くことになる。

キッシンジャーの隠密行動はベトナム戦争終結に向けても結果をもたらした。

対中接近は、ベトナムの支援国である中国を通じて、ベトナムとの休戦、和平への扉を開こうとする試みだった。七二年の大統領選挙では、即時撤退を訴えたマクガヴァンに対抗して、ニクソンは「名誉ある平和」を主張し、逃げ出すような撤退ではなく、アメリカの威信を守った上での撤退で平和を達成すると約束した。もともとベトナムのことはベトナム人に、を主張していたニクソンにとっては就任四年後の七二年になってもまだベトナムに留まっていなければならないことは、基本的には失敗だった。

しかし、紆余曲折はあったものの、ジョンソンが始めた和平交渉を一九六九年八月四日に密かに再開したニクソンは、一九七三年一月二七日に一応の合意に達した。その内容は、南ベトナムのグウェン・ヴァン・チュー大統領はその地位に留める、そして北ベトナムの軍隊は現在占領している南ベトナム各地にそのまま残留する、の二点が主なものだった。五万人以上のアメリカ兵を犠牲にした長い戦いは、アメリカにとってはここに終わったのだった。ベトコンと北ベトナム軍が存在し続ける状況で、果たして南ベトナムの存続が保証できるのか、という問いに対しては、何も有効な答えがないままの終戦だった。実質的に負けたアメリカは、公式には勝敗を度外視した合意に達した。だが、それは単に南ベトナムを切り捨てただけのことだった。

大統領の犯罪——ウォーターゲート事件

ニクソンは最初から外交を得意とした。そして、この面で成果をあげることで歴史に名を残す大統領になりたいと願っていた。中国との国交再開、そしてベトナム戦争終結は、その面目躍如たるものだった。だが、その裏で彼の政治生命を破滅させる出来事が起きていた。世に言う、ウォーターゲート事件だ。

ワシントンDCのポトマック川に面したウォーターゲートという区画に住宅棟を含む巨大な総合ビルがある。この中に民主党の全国党本部が入っていた。一九七二年六月一七日の夜中に、この党本部の事務室内に侵入していた五人の男たちを警備員が発見、身柄を拘束し、窃盗容疑で警察に突き出した。

この出来事は時期的に民主党候補者がマクガヴァンに絞られていたときではあったが、サウス・ダコタという小さな州から選出されていた上院議員で、ベトナム反戦・即時撤退をのみ訴えていた(他に所得税制の改正も訴えていたが争点にはならなかった）弱体候補であることが明白だったために、他に誰か隠し玉がいるのではないかとニクソンはじめ、共和党が不安を感じていた時期ではあった。特に、有力候補と思われていたのがケネディ大統領の末弟エドワード、通称テディだった。

そんなことから、この深夜の侵入事件は大統領選挙がらみの、政治的なものだとの噂が盛んに流れされた。だが、共和党側はこれを強く否定し、単なる窃盗事件として片付けようとした。八月一日に『ワシントン・ポスト』紙に侵入犯の一人、バーナード・バーガーが「ニクソン大統領再選委員会から活動資金を受け取っていた」という記事が掲載され、共和党が言うような「単なる三流のコソ泥事件」ではないことが明らかになりつつあった。その後、全国党大会で指名されて党の正式候補となったマクガヴァンは、秋の選挙戦を通じて共和党の組織的関与、最終的にはニクソンの関与を訴えたが、この時はまだ国民がこの主張を受け入れなかった。

七二年九月一五日にワシントンDCの大陪審は侵入犯五人を起訴、翌七三年一月八日にワシントン地方裁判所で五人の裁判が始まった。この裁判が始まった直後の一月一一日に、やはり侵入犯の一人ですでに『ワシントン・ポスト』紙がホワイトハウス内に部屋を与えられていたと報じていたハワード・ハントが、侵入は再選委員会の指示であったと証言した。

この証言で全米の空気は一変した。三流のコソ泥事件ではない、と多くの人々が確信するようになった。上院がすぐに反応して、サウス・カロライナ州選出のサム・アーヴィンを委員長とする「ウォーターゲート特別委員会」を設置し、真相究明を開始したのだった。

七三年三月一九日、全米が騒然となった。侵入犯のひとりジェイムズ・マッコードが、地裁の担当裁判長であるシリカに書簡を送り、「犯行立案者は他にいる。自分は政治的脅迫を受けた」と、事実関係を黙秘させる圧力があったと「自白」したのだ。実際の犯行立案者はホワイトハウスの「ずぅーと上」だというのだ。全国のマスメディアはこの証言に色めきたった。事件の真相究明とニクソンの運命にとって一大転換期となった日だった。

三月二三日にはマッコードを除く四人が窃盗、不法侵入、盗聴などで有罪となり、最高懲役三六年を始めとする刑が地裁により宣告された。マッコードは司法への協力を約束したために、判決は延期されたのだった。その彼は四月五日にさらに証言し、当時再選委員会の委員長だったジョン・ミッチェル、副委員長のマグルーダー、そして大統領補佐官のジョン・ディーンらが計画立案に参画していたこと、また事件後には沈黙を強要され口止め料を受け取っていたことを明らかにした。

これによって事件はニクソン再選委員会が深く関与していただけでなく、ホワイトハウス関係者も関わっていたことが明白になり、しかも事件の隠蔽工作がなされていたというあくどい政治事件だったことが否定できなくなった。

ほぼ一ヶ月の間、政界は混乱した。ホワイトハウスやニクソン政権内部の者たちの様々な「違法行為」が明るみに出るなかで、ペンタゴン秘密文書のエルズバーグ博士の盗聴が長期間によってなされていたことや、四月二九日の『ワシントン・ポスト』紙がニクソンの補佐官、ホールドマンとアーリックマンの二人が大統領顧問のディーンに対して口封じを命じていたことを明らかにしたのだ。さらにその二人が侵入事件そのもののもみ消し工作に深く関与していたこと、国家安全保障会議のスタッフが盗聴されていたことなどを『ニューヨーク・タイムズ』紙が明らかにした、次第に政権内部の病巣が表に出てきたのだった。

その中で、四月三〇日にホールドマン、アーリックマン両大統領補佐官、クラインディースト司法長官、ディーン大統領顧問の四人が辞任した。

上院の特別委員会は五月八日、一七日から公聴会を開くことを発表した。ディーンには免訴措置が適用されたために、ホワイトハウスの秘密が明らかにされることへの期待感が高まった。だが、同時に、この事態がこの先どう進展するのか、と不安を抱いた国民も多かった。


予定通りに始まった上院の公聴会は全国に生中継された。この席でマッコードは沈黙さえ守れば行政恩赦を、という申し出があったと証言し、ホワイトハウス上部の関与を改めて示唆した。

こうした動きについに行政府も動かないわけにはいかなくなった。翌日、任命されたばかりのエリック・リチャードソン司法長官はハーバード大学教授のアーチボルド・コックスを特別検察官に任命し、事件の徹底調査を命じた。コックスはニクソン大統領の事情聴取もあり得ると宣言し、徹底的な調査を約束した。

六月二五日のディーンの証言では、事件のもみ消しを図った首謀者はホールドマン、アーリックマンの両補佐官であったこと、またニクソン政権には盗聴を目的とした「政敵リスト」が存在すること、さらにニクソンは事件の揉み消しをはじめから知っていたことが明らかになった。

上院の公聴会は徹底追及を公言したアーヴィン委員長の指揮のもと、共和党のハワード・ベイカーらも次第にニクソンへの疑念を深め、厳しい追及をするようになっていった。折から、『ワシントン・ポスト』紙が「ディープ・スロート」なる匿名人物からの極秘情報に基づく記事によって、追求の矛先をニクソン大統領一人に向け出していた。

すべてを決したのは七月一六日、暑い日だった。公聴会に呼ばれたのは大統領補佐官の肩書きで「ホワイトハウス警備担当」をしていたアレクサンダー・バターフィールドだった。彼は上院の質問に対して、ニクソンがホワイトハウスと隣の行政府ビル内に盗聴器を仕掛け、すべての会話を録音していたことを暴露した。

この証言は重大な意味を持った。つまり、この盗聴の録音テープがホワイトハウス内で何があったのか、誰がどこまで知っていたのか、誰が誰に何を指示したのか、の全貌を明らかにするからだ。

コックス特別検察官とアーヴィン委員長は早速このテープの提出を大統領に要請した。しかし、ニクソンは「行政特権」を盾にこの要請を拒否した。そのため、コックスおよびアーヴィンは大統領に対して強制提出させる手続きを取った。七月二三日だった。あくまでも協力を拒むニクソンに対して、最終判断を委ねられた司法府は、まず八月二九日に地方裁判所のシリカ判事がテープの提出を命じ、さらに控訴審において高等裁判所が一〇月一二日にシリカの判断を支持した。

ニクソンはこの時点で最高裁に上告する権利を放棄し、ミシシッピー州選出のジョン・ステニス上院議員が確認したうえで、録音テープの書き起こしを提出するという妥協案を提示した。書き起こしでは、テープの内容の全貌を示すことにならないと判断したコックス特別検察官は、この妥協案を拒否した。

ここでニクソンはリチャードソン司法長官とウィリアム・ラックルショウス司法次官の二人にコッ

クスの解任を要求した。司法長官と次官の二人は大統領への協力を拒否して辞任した。そのため、訟務局長だったロバート・ボークが司法長官代行としてコックスを解任した。一〇月二〇日、土曜日のことだった。マスコミはこれを「土曜の夜の大虐殺」(Saturday Night Massacre)と呼んだ。

この出来事は国民およびマスコミから激しい非難を浴びることになった。当然、事態の成り行きから判断して、テープの中にはニクソンにとって相当に都合の悪い会話があるはず、つまり、ウォーターゲート事件の計画および隠蔽という点で、ニクソン大統領が深く関わっていた事実を示すものがあるに違いないとの確信を、多くの国民に植えつけることになった。

この結果、一〇月二三日に、ニクソンはシリカ判事の提出命令に従うことを言明しなければならなくなった。

同時に、この強引な人事が引き金となって、ウォーターゲート事件発覚時より下院内にくすぶっていた「大統領弾劾」の声も大きくなり、ついに八四名の下院議員の共同提出による弾劾決議案が下院に提出されたのだ。ニクソンには一六もの「罪状」が突きつけられた。

こうした動きに、ニクソンはオハイオ州選出の上院議員ウィリアム・サクスベを司法長官に任命し、テキサス州ヒューストンの弁護士レオン・ジャワスキーを特別検察官に任命して、世論の軟化を図った。

一〇月三一日にニクソン側はシリカの求めたテープを提出したが、求められていた九本のテープのうち二本が「見つからなかった」との理由で、七本のみの提出だった。そして一一月二六日、特別検察官が大変な事実を公表した。提出されたテープの一本に一八分間の「空白」が存在するというのだ。

ニクソンは単純な技術ミスと主張したが、この説明を信じる国民はもうほとんどいなかった。意図的な削除以外に「空白の一八分間」を説明することは不可能だった。

余談だが、翌七四年六月四日に、空白を調査するよう裁判所が依頼した専門家集団が、空白は手動で、数回に渡り録音を人為的に削除した結果であると認定している。

いずれにしろ、空白の存在が明らかになったことで、ニクソンがすべてに関わっていたこと、つまりウォーターゲート事件は、当初のホワイトハウスの説明のような「三流のコソ泥」事件ではなく、れっきとした「大統領の犯罪」であることが確定されたのだった。ニクソンは追い詰められるところまで追い詰められた。もちろん、「自業自得」であるわけだが。

大統領弾劾審議、そして辞任へ

一〇月二三日に下院に提出された弾劾決議案は、その一週間後の三〇日に、下院司法委員会で予備審査にかけられることになった。この委員会の委員長だったピーター・ロディノ議員(ニュージャージ州選出、民主党)には絶対的な「召喚権」が与えられ、弾劾審議に必要な証人、証拠物件などを政府機関や個人から強制的に提出させる権限を持つことになった。

初めは非公開の審議から始まったのだが、弾劾審議が委員会で始まったのは翌七四年五月九日だった。民主党が審議に慎重だったのは、弾劾審議が政治的意図によってなされたという非難を避けたいという意向によるものだった。過去において弾劾されたのは、史上三六人の大統領のなかで一人だけだという事実が、彼らをより慎重にさせていたのだ。その一人とは、リンカン暗殺によって大統領に昇格したアンドリュー・ジョンソンだった。下院が弾劾したものの、上院の審議でこれが否決されたことで、実際には大統領職からの追放という最悪の事態にはならなかったが、この時、共和党の議会が民主党の大統領を、おそらくはただそれだけの理由で弾劾したと歴史的に判断されることになった。大統領弾劾には弾劾に値する明白な罪状が必要だった。

この下院司法委員会での審議の最中に、またひと悶着あった。四月四日に委員会が提出を求めていた録音テープの提出をニクソンが拒んだのだ。四月三〇日、ニクソンは四二本のテープの編集した書き起こし(一二〇〇頁に及ぶ)を代わりに提出した。彼は自殺行為に走ったと判断されてもしかたない行動に出たわけだ。

これとは別に、三月二六日には下院委員会に対してシリカ判事から、三月一日の大陪審の審議記録が提出された。この記録は大陪審がニクソン大統領をウォーターゲート事件の隠蔽工作の共同謀議に参加したと明言していたのだ。五月二〇日には、シリカはニクソンに対してさらに六四本の録音テープをジャワスキー特別検察官に提出するよう命じた。

こうしたなか、下院司法委員会はついに結論を出す日を迎えたのだった。最終的にまとめられた弾劾決議案は三つとなった。

まず、七月二七日、二七対一一で、ウォーターゲート事件で個人的に、また部下と共同して、その調査を遅らせ、妨害したこと、またその他の不法な秘密工作を隠そうとしたことを弾劾に値する罪状に認定した。そして、二日後の二九日、二八対一〇で、恒常的に権力乱用に努めたことを二つ目の罪状とした。アメリカ国民の権利を脅かし、合法的かつ正当な法の執行を怠ったというのだ。さらに三〇日、二一対一七で、下院委員会の憲法上保証された召喚権を無視したことが罪として認定されたのだった。

この三つの決議案が採択されたことで、下院本会議がニクソンは大統領として不適格であると判断をする可能性が一〇〇パーセントに近いと思われた。ただ、司法委員会はカンボジア爆撃が大統領権限を逸脱するものであるとする弾劾決議案は一二対二六で否決した。

これを受けたニクソンは、下院で弾劾され、上院でこれが確定されて歴史上はじめて追放された大統領になるよりは、との判断で自ら退く決心をした。

八月九日午前一一時三五分をもって、ニクソンは第三七代大統領の座から下りた。「もはや自分には十分な政治的基盤がない」というのがその理由だった。

ウォーターゲート事件をめぐる攻防のなかで、他にいくつかの問題が見つかっていた。そのひとつはＩＴＴ（国際電話電信会社）が独占禁止法違反に問われた事件（一九七一年）で、訴えが取り下げられ、のちに会社が共和党全国党本部に多額の資金が提供された件でのニクソンの関与。ニクソン再選委員会が企業に対して選挙資金を強制的に提出させたこと、また選挙資金の献金と引き換えに牛乳代の値上げを認めたこと、ニクソンの親友であるベーブ・レボゾへのハワード・ヒューズからの多額の送金（選挙資金と説明）、フロリダ州キービスケーンにニクソンが土地を購入した資金に政府の基金が不当に充当させられていた疑い、ニクソンの過小納税申告疑惑など、ニクソンをめぐる「黒い噂」「黒い霧」という不法行為の疑惑が弾劾審議に大きな影を落としていたことも事実だ。

ニクソンへの弾劾審議と下院司法委員化の判断は必然的な結果だったのだ。大統領が国家や国民の利益の前に、私利私益を優先させ、また同じように欲に目のない取り巻きを従えていたこと、またもしかしたら間違いですませることができたかもしれない出来事に全く責任を取ることをせず、その出来事をなかったこととして隠蔽してしまったことなど、大統領として弾劾されても仕方なかったはずだった。

ケネディの死と共に人口に膾炙《かいしゃ》していた「花はどこに行った」だったが、ニクソンの辞任によって、咲いていた花は急に萎れてしまったのだった。大統領の犯罪に直面したアメリカ、そしてアメリカ国民は、まさにアメリカがかつての輝きを失い、その進むべき道を失ってしまったと感じていたのだった。

選挙の洗礼を受けない後継大統領フォード

辞任したニクソンの後を継いだのは副大統領のジェラルド・フォードだった。大統領が犯罪容疑の固まるなかで辞任するという前代未聞の大スキャンダルに混乱している国内を落ち着かせ、まとめることと、海外で失墜してしまったアメリカの威信を取り戻すことが、この新大統領に求められた最優先の責務だった。

だが、フォードがこの任務に適しているかが、実はその任務以上に大きな問題だった。それはフォード自身の問題と副大統領になった経緯だった。

ウォーターゲート事件の真相解明の過程で、当時副大統領だったスピロ・アグニューが六七年から副大統領就任まで務めていたメリーランド州知事のときに、収賄をした事実が明らかになり、州の検察に起訴されることになった。本人は容疑を否定し、最後まで戦う姿勢を示したが、犯罪に関与した可能性のあるニクソンと収賄容疑で起訴されたアグニューの組み合わせは、ホワイトハウスおよびアメリカ政界の信頼を大いに損ねることになった。結局、マスコミや国民の圧力に耐えられなくなったアグニューは一九七三年一〇月一〇日に副大統領を辞任した。

この辞任は次の問題を生むことになった。上院の特別委員会と特別検察官による徹底的な調査がニクソンの犯罪関与の可能性を明らかにしていた時期であり、究極的にはニクソンの弾劾、そして大統領職からの追放という展開がかなり明白になってきていた時期だった。つまり、このままアグニューの辞任を受けると、副大統領不在となる。この状態でニクソンが弾劾されると法の定めるところに従って、下院議長だった民主党のカール・アルバートが後継者となることになる。

この場合の問題は二つあった。ひとつは国民が選んだ共和党政権を、選挙なしで民主党の政治家が引き継ぐことの妥当性、そしてもうひとつは民主党が自党から大統領を出したいためにニクソンを弾劾する、つまりニクソン弾劾はその根底に党利党略があると受け止められてしまうという民主党側の懸念だった。したがって、ニクソン追及の手は、一時的ではあっても、緩やかなものにならざるをえなかった。

解決策は憲法修正二五条に従うだけだった。ニクソンが新しい副大統領を任命する、そしてそれを議会が上下両院の審議で了承する、だ。ニクソンの弾劾が成立したとしても、これによって民主党大統領が誕生する可能性はなくなるわけだ。と同時に、ウォーターゲート事件の真相究明も民主党の党利党略とはならなくなる。

一九七三年一〇月一二日にニクソンが選んだ副大統領候補がジェラルド・フォードだった。フォードは当時ミシガン州グランド・ラピッズ選出の下院議員で、下院少数党の院内総務という要職にあった。この職務は下院議長に次ぐ地位で、共和党が次の選挙で多数党となれば、当然、議長になる地位だ。下院院内総務とは政治的手腕はもとより議員仲間の圧倒的な支持がなければ到達しえない地位なのだ。ニクソンの選択基準は、議会が反対しない人物、それでいてもし弾劾されることなく大統領にとどまることができた場合に、彼を絶対に超えない人物だった。

それでも任命からほぼ一か月半、議会はフォードの副大統領としての、そして十分に起こり得る大統領としての資格を徹底的に調査し審議した。

彼は一九三一年にミシガン大学にフットボールの奨学生として入学した。四年次のシーズン終了時に全米大学チームの一員に選出され、デトロイト・ライオンズとグリーン・ベイ・パッカーズの二つのプロチームから勧誘を受けていたほどの選手だった。だが、その誘いを断って、イェール大学のロースクールに進み、弁護士への道を選んだのだった。第二次世界大戦では、海軍に入隊し、南太平洋で日本軍を相手に戦った。終戦後、故郷グランド・ラピッズに戻り、下院議員に立候補し、四八年の選挙で現職を破って初当選し、それ以来ずっと議席を守ってきていた。

そんなフォードだったが、学業成績や議員としての業績などには目立つものはなかった。「中ぐらい」が常に彼が得る評価だった。特別な成功もないし、失敗もない。これがフォードだった。

そして、議会が、また国民が、ニクソンに変わる可能性のある人物に求めていた資質――それは正直とか誠実さ、そしておそらくは謙虚さだろうが、華々しい大学時代のフットボールの経歴を特に自慢するでもないフォードは、まさしく「その時」が求める人物だった。

一一月二七日に上院が、一二月六日に下院がそれぞれ任命を承認し、その日、彼は晴れて「選挙で選ばれなかった副大統領」として就任することになった。その就任演説で、彼は「私はフォードで、リンカンではありません」と言って、冗談交じりに自己紹介した。

自分を大衆車の別名であるフォードにたとえ、高級車リンカン・コンティネンタルではない、とした この譬えは、同じ共和党の偉大なる第一六代大統領エイブラハム・リンカンの足元にも及ばない、という意味も込められていた。それと同時に、ニクソン大統領の下の副大統領であって、決して大統領を狙う野心など持っていないということをも意味していた。

ユーモアたっぷりのこの演説で国民の心をしっかりと捉えることに成功した。ニクソン追及でギスギスしていた国内は何となく安堵したのだった。その後の彼は、それでもニクソン弾劾の機運が高まり、彼が大統領になる可能性が強まるなか、ただひたすらよき副大統領を演じ続け、ニクソン支持の弁明を繰り返したのだった。

そして、運命の日、一九七四年八月九日がやって来た。選挙という試練を受けなかった副大統領が、やはり選挙の洗礼を受けることなく大統領になってしまったのだ。アメリカ史上、初の異常事態だった。

頂点に達した政治不信――ニクソンへの「完全かつ絶対的な恩赦」

就任演説でフォードは、ウォーターゲート事件をめぐるこれまでの苦悩の日々に触れ、「我が国の長い悪夢は終わった」と言った。多くの国民が聞きたがっていたことばだった。そして、国民すべてが「数百万もの人々に平和をもたらした一人の男」ニクソンが、その平和を自分自身のために見い出せるよう祈ろうではないか、と国民に寛容の精神を持って、「汝の敵」を愛することを要請した。

それはまるで、「すべての人に慈悲の心を、誰に対しても悪意を抱かず……」と一八六五年の二度目の就任演説で、まだ南北戦争中の国民すべてに対して、寛容の許しあう精神を訴えたリンカン大統領の姿を彷彿とさせるものだった。

だが、その国民の寛容な精神も、そして許し合おうとする心も、九月八日に脆くも、そして一瞬にして崩れ去ることになった。

この夜、全国の国民に向けてテレビ演説をしたフォードは、突然、ニクソン前大統領に「完全かつ絶対的な恩赦」を与えたのだ。ニクソンが大統領在任中、犯した罪、犯していたかもしれない罪のすべてから彼を救った。これによって、ニクソンは在任中のあらゆる犯罪行為において起訴されたり、裁判にかけられたり、有罪判決を受けたりということがなくなったのだ。また、それだけではなく、元大統領として国から与えられるすべての特権もそのまま維持できることになった。年金も、退職後に必要なスタッフの給料も、そして何よりもシークレット・サーヴィスの護衛も失うことはなくなった。

フォードはこの決断は「正しい」と主張した。ニクソン前大統領はすでに十分に苦しんだ。そしてこれ以上の調査と追及は、結局はアメリカ国民の心に耐えがたい苦痛を与えることになる。また、その調査と追及は、今もなおホワイトハウスに残っていて、今後の裁判などで証拠採用される可能性のある品々の管理や、提出命令への応対などに、フォード政権が追い回されることになり、本来の業務に支障を生じる恐れがある。以上が、フォードの言い訳だった。

だが、これが彼の最大の躓きとなった。国民は裏切られた、騙されたと感じたのだ。大統領就任時の寛容の呼びかけには応じた国民だった。だが、罪を犯して職務から追放された一人の男を悼み、同情するのと、その罪を定められた法によって、定められた手続きに従って裁くのとは、まったく別のことだった。法治国家であることに誇りを持つアメリカ国民は、この恩赦をその誇りをずたずたに切り裂くものと受け止めたのだった。

副大統領に指名されたときから、二人の間に密約があるのではないか、フォードは大統領になったらニクソンを全面恩赦するという密約があったのではないかと、国民は心のどこかで疑っていた。マスコミも直接この点をフォードにぶつけることが度々あった。その都度、彼はそのような約束はなかったと弁明し、自分は大統領になるつもりもなかったと言い続けていた。国民が裏切られたと感じたのは無理もなかった。

フォードはこの恩赦と引き換えに、彼の大統領としての任期の成否が左右する国民の信頼と支持を失うことになった。

基本的に一九七七年に退任するまでのフォードの約二年半は、国民の間に政府への不信感、国家への不信感がただひたすら広がるばかりだった。つい一〇年前、ケネディ政権に人々が抱いていた信頼と期待は完全に姿を消していた。政府が信じられないとなると、人々は自由勝手に行動するようになる。犯罪は増え、同時に「自分さえよければ」という利己的な考えをするようになる。社会は混乱するばかりだった。

「平和部隊」がその代表例だが、ケネディが自分の出来ることを、出来るときに行って、少しでも世の中をよくしていこうではないか、と呼びかけたのはほんの十数年前だった。若者たちだけでなく、世代を超えてこの呼びかけに応じた国民は多かった。自分たちが、自分たちで世の中を変えられる。人生の意味を新たにこう考えた人たちも多かった。

ところが、アメリカ政府は犯罪と裏切りとで、そんな国民たちのささやかな努力を踏みにじったのだ。政府が嘘を言い、事実を隠蔽した。このときの失望感は大きかった。ケネディの呼びかけだから、それに応えた。ケネディを信じたからこそ、自分の人生を賭けてみた。その結果が、これだった。

これにベトナムの失敗も加わった。ベトナム戦争は勝てる、南ベトナムは守れる、と言いながら、結局は「ベトナムはベトナム人の手に」などと詭弁を使って、そこから逃げ出した。これも国民を欺いていた結果だった。

当時のアメリカ国民にすると、何を信じたらよいのか皆目、見当がつかないと思うしかなかっただろう。自分たちが「よし」としていたものが、すべて崩れ去ったのだ。

結局、信じられるのは自分だけ――自分だけが被害に遭わなければそれでよい、という気になったとしても、決して不思議ではなかった。残念なことだったが、七〇年代を通して、「ミー世代」(自己中心世代)と呼ばれるようなムードが蔓延したのは、当然のことだった。誰もが自分以外に関心を持たなくなった。持ちたくもなかった。そんな時代がやってきたのだ。

結果として、フォード大統領ができたことはニクソンの政治運動の反省から、選挙資金法を改正して選挙資金に限度を設けたことと、国の財源を補助金として投入することで、不正な献金を阻止しようとしたことぐらいだった。

また、七〇年代に入って急速に政治問題化していた公立学校の「バス通学反対」の動きに同調するかのように、通学バス（学校バス）の運用を規制する政策を推進したことだった。

一九五四年の最高裁判決（通称、ブラウン判決）が、公立学校での人種差別を違憲としてから、これも最高裁の提案で学校バスを利用して教室内での人種統合を図ることが、当然とされてきた。しかし、近くに学校があるにも関わらず、学校バスで強制的に自宅から遠くの学校に通学させられる生徒の親たちが、人種を超えて、バス通学に反対を表明し始めたのだ。一九七二年の大統領選挙に民主党の候補者指名争いに参加したジョージア州知事ジョージ・ウォレスが、その本来の人種差別主義で知られていたにもかかわらず、全国で予想以上に支持を得たことが、この問題の根深さを示していた。

連邦が教育補助金を用意し、通学バスを規制することに賛成する教育委員会にそれを提供する、つまりケネディ、ジョンソンと続いた民主党政権の基本姿勢だった人種統合をカネの力で強制的に後戻りさせることになったのだ。

外交的には成果らしいものはほとんどなかった。政権発足と同時に北ベトナム軍の動きが活発化して異常な速さで南ベトナム政府が崩壊していくなか、アメリカ軍の速やかかつ安全な撤退をすませたことが最大の業績だった。だが、冷静に判断すれば高く評価されるべきことだったが、いかにも「無力なアメリカ」を印象づけることになった。五〇年代からの遺産だった「ドミノ理論」を自ら放棄し、全面的支援を約束した国を「ベトナム化政策」の名の下に一方的に切り捨て、見放してしまったのだ。敗戦という誰の目にも明らかな事実を認めようとせずに、撤退は正義の結論だ(と言うことは、最初の介入が悪なる選択だった、ということになる)としたことは、ベトナムの泥沼から脱出できた点では安堵した国民たちの心に、どこか割り切れないものを残すことになった。

帰還兵の問題にも十分な対応ができなかった。それまでの帰還兵のように勝利を祝えないベトナム帰還兵に世間は冷たかった。かつての従軍経験者はGI法のお蔭で大学進学も果たせたし、優先的に仕事にも就くことができた。だが、ベトナム帰還兵には折からの不況も加わって、大学進学の道は狭められ、雇用の道は閉ざされた。フォードが失業手当、未就業手当の支給を最大六五週間に延長したものの、焼石に水でしかなかった。

国民が心から支持しない政権の弱さだけが明るみに出てしまったのが、フォードの時代だった。ただ、彼に少しでも幸運が残されていたとすれば、一九七五年九月二二日にサラ・ムーアという女性活動家が発砲した弾丸が、彼に命中せず、暗殺を逃れたことだった。

政権交代——ワシントンを知らない〝アウトサイダー〟ジミー・カーター

一九七六年の大統領選挙がやって来た。政治的には、フォード自身の責任ではなかったかもしれないが、七四年の議会選挙で民主党が圧勝していた。下院では四三五議席中二九一議席を獲得し、上院でも一〇〇議席中六一議席を獲得していた。

この年、出馬を余儀なくされた現職大統領としては苦しい選挙が予想されていた。同じ政党から現職の大統領に挑戦することがタブーとされていたにもかかわらず、元カリフォルニア州知事のロナルド・レーガンが果敢にフォード拒否の運動を展開した。夏の全国党大会では、共和党分裂の危機が叫ばれる中、僅少差で候補に指名されたものの、フォードの基盤の脆さは明白だった。

それに対して、民主党は全く無名の新人とは言え、ジョージア州知事の経歴は持っていたジミー・カーターが並み居る大物候補者をまったく寄せ付けず、全国党大会を前にすでに指名を確保していた。ワシントンを知らない「アウトサイダー」という触れ込みが国民の心を捉えていたのだ。

問題だらけの連邦政府と政治家たちに絶望していた国民にとっては、それまで連邦政府と関わりを持たなかったカーターは、毒のない「安全パイ」だった。国民に嘘をつき、国民を騙してきたニクソン、フォードの共和党政権に代わるには、彼の笑顔は余りにも適切だった。その笑顔はカーターの人柄のよさ、性格のよさ、そして何よりも彼が「正直」であることを示していた。

別の時だったら、ワシントンでの経験がないことは国民に不安を抱かせただろうし、正直であるよりも政治的・実務的能力の有無が問題視されていただろう。しかし、アメリカ独立二〇〇年を迎えるこの年、カーターこそがアメリカを新たに出発させるのにふさわしい政治家と判断されたのだった。

だが、次の点は決して見逃してはならないだろう。カーターが大統領選挙への出馬を表明したのは、一九七四年一二月一二日、まだジョージア州知事のときだった。七六年一一月の大統領選挙の約二年前だったのだ。つまり、彼は他のどの政治家よりも早くスタートしたのだ。

一九七二年の大統領選挙では七一年一月三日に出馬表明した、当時は無名に近かったジョージ・マクガヴァンが民主党の候補指名を勝ち取り、大敗はしたものの現職のニクソンに果敢に立ち向かっていた。他よりも早くスタートする、そしてスタート・ダッシュから全速力でゴールまで走り通すことが有効なのだということを、マクガヴァンが示していた。サウス・ダコタという小州の政治家が、全国規模の選挙に打って出るには、これしかなかった。

州知事とは言え、ジョージア州知事の知名度などは知れたものだった。しかも、人種差別・人種隔離政策で、ついこの間まで悪名の高かった南部州出身のカーターにとっては、マクガヴァン方式を採用するしかなかったのだろう。マクガヴァンよりもうひと月早く、カーターは飛び出したのだった。

この早いスタートに加えて、カーターが示した熱意は、一九七五年の一年の内二五〇日を地方遊説に当て、大統領選挙までの二二カ月間で全米一〇二九の都市で一四九五回の演説を行い、七三万七九八四キロの距離を移動していたことに明らかだった。超人的な体力だったが、この努力で彼の前歯を見せた大きな笑顔は人々に強烈な印象を与えることになった。

「アメリカ国民と同じように、正直で、たしなみがあり、誰に対しても公平で、そして有能で、誠実で、理想を求める政府を、もう一度この国に取り戻そう」ではないかと、彼は主張した。政治で何よりも重要なのは、政治家の人格なのだと強調した。

だからと言って、カーターが国民から幅広い支持を受けていた訳ではなかった。一一月四日の国民投票での彼の得票数は四〇八二万七三九四票で、フォードのそれは三九一四万五九七七票だった。その差は一六八万一四一七票だった。二人が獲得した総数の二パーセントの差の「大接戦」だった。その上、得票数の差もわずか〇・七パーセントだった前回の大接戦、一九六〇年のケネディ対ニクソンのときの投票率が六二・八パーセントだったのと比較すると、この時のそれは五四・三パーセントでしかなかった。

六〇年の選挙がニクソンの経験とケネディの若さの対立、ニクソンの対ソ強硬路線とケネディの対ソ柔軟路線だったように、七六年の選挙もフォードの経験とカーターの未経験だったことが同じような僅差の勝敗を生じさせたのかもしれない。

話は変わるが、ニクソンとケネディの二人の実年齢は四歳の差で、下院議員、上院議員と二人とも議会経験があるので、政治経験としても「ベテラン対若手」でもない。ニクソンが副大統領を経験し、ケネディが経験していないというだけだったが、メディアと国民は、おそらくは二人の外見・容姿の印象で、こうした対比をしたのだろう。フォードとカーターは一一歳、干支でいうほぼひと回りの年齢差があった。フォードが生涯下院議員として過ごしてきたのに、カーターは最終的に知事にはなったものの地方政治しか知らない、完璧な「アウトサイダー」だった。二人には明白な違いがあった。フォードが大学フットボールのスター選手、カーターは原子力潜水艦に乗務していた職業軍人という政治以外でも大きな相違があった。

一九六〇年の選挙は、メディア的捉え方では違いがあっても、本質的にはほとんど同じ候補者だったのだから、僅少差の結果となったのは理解できる。だが、七六年の選挙では、候補者にこれだけの相違がありながらの僅少差だったわけだ。カーターが圧倒的な支持を受けていた訳ではない、ということを明らかにしている結果だった。共和党の候補者争いでレーガンがフォードに肉薄していた事実から判断すれば、新人カーターへの期待というよりも、ニクソン恩赦が象徴するフォードへの失望感が、七六年選挙結果の重要な要因だったと捉えるべきなのだろう。

議会との対立を避ける〝指導者〟カーター

カーターが大統領としてそれなりの成果を上げるとすれば、フォードへの失望感を彼に向けての期待感に変えさせる必要があった。だが、おそらくは国民の幅広い支持を受けたと誤解したカーターは、悪い状況下にいたアメリカをさらに悪い状況へと突き落としてしまったのだった。

カーターの大統領としての関心は、現実のアメリカの経済が日本やドイツなどとの競争に勝てなくなっていたことから生じていた景気後退や、そこから生じる失業対策だったのに、基本的に財政赤字の解消、彼のことばを借りれば、彼の任期中に均衡予算を回復することだった。そのため、就任早々に打ち上げていた雇用創出と悪化していく都市環境を改善するための補助金の支給、そして福祉と税制の改善、さらに国民健康保険制度の創出という、どちらかというと国民受けのする政策も、この均衡予算達成目標を前にしたとき、すべて無視するしかなくなってしまったのだ。

企業の利益を優先する議会が激しく反対するだろうという予測が、カーターの決意を押しとどめてしまった。つい十数年前に、予測される議会の抵抗を無視して、公民権法案やアポロ計画を議会に認めさせる努力をしたケネディの勇気を見ていた国民には、一一年ぶりの民主党の大統領は余りにもふがいなかった。

何もできない大統領という印象を国民に強く印象づけてしまったのが、エネルギー政策とバート・

ランス事件での彼の対応だった。

カーターは現状の石油依存の高い状況を脱して、より安定したエネルギーに頼るために、新たにエネルギー省を設立した。そして、その長官に任命したジェイムズ・シュレシンジャーらと新しいエネルギー政策を打ち出すことにした。

この政策の立案段階で、多くの知識人から参考意見を集めたのはよいのだが、そのために時間がかかりすぎた。また、この過程を完全な秘密として詳細を公表しなかったため、相談されて当然と思っていた連邦議員たちを疑心暗鬼にしてしまった。

一九七七年四月の演説で、エネルギー問題の解決を「道徳的戦争」と呼んだカーターは、国民に自発的なエネルギー節約を呼びかけ、同時に議会に送り出す政策を明らかにした。しかし、議会は税の優遇措置を適用することで石油と天然ガスの浪費を抑え、石炭および太陽エネルギーという石油に代わるエネルギーを促進させ、石油価格の統制を解除し、石油会社の余剰利益に追加税の措置を取るという極めて緩やかな政策を採択しただけだった。

カーターは自分の立場を無視された議会の法案を「すぐれた妥協」の産物と自画自賛したが、国民は彼の指導力に失望するだけだった。

そして、カーターが行政予算管理局の局長に任命したバート・ランスの事件が起きた。一九七七年の初夏、メディアと上院の政府活動委員会が、ランスが政権入りする前の仕事上の不正行為の疑いを公表した。カーターは親友を守るためにも、ランスの無罪を主張し、彼を誇りに思うと八月のテレビ中継された記者会見で発言した。このこともあり、ランスが上院の委員会で身の潔白を表明する決意をしたところで、カーターは彼に辞任を要求したのだ。政治状況が停滞してしまう、がその主な理由だった。九月にランスは辞任することになったが、一度は支持を表明した親友を最後には切って捨てたカーターに、国民は絶望することになった。結局、カーターだって信頼することができない、ごく当たり前の政治家ではないか、と国民は受け止めたのだった。

辞任したランスが不法行為によって送検されることはなかった。この事実をもってすると、やはり、カーターの判断能力やその人格が疑われたのも当然だった。

国際的成果も人気に結びつかず——何かが足りないカーター

とは言え、カーターは国際政治では大きな業績を残した。ひとつがパナマ運河の返還であり、もうひとつがキャンプ・デイヴィッド協定の締結だった。

パナマ政府が運河の管理権を求めて、アメリカと交渉を始めたのは一九六四年だった。だが、一九七六年に入ると、難航していた交渉が次第に議論の対象となり、議員の中にも声高に反対する者が現れてきた。共和党の候補指名を争っていたレーガンなど、「運河に関しては、我が国が建設し、その費用を払った。運河は我々のものであり、絶対に守りきる」とまで宣言していたほどだった。そして、この宣言には多くのアメリカ人が賛同していた。

一九七七年の世論調査では、平均七八パーセントの国民が運河を手放すことに反対で、賛成はわずか八パーセントほどにすぎなかった。カーター政権が始まってから六ヶ月におよぶ交渉の結果、パナマ政府との間に合意が成立した。一九九九年にアメリカは運河の管理権をすべてパナマに返還する――それまでは共同管理・運営とする――アメリカは運河を軍事的目的で必要な場合にはこれを自由に使用する権利を保持する――パナマに返還後は運河の中立は保証されなければならない。これがその主な内容だった。

この協定の締結後、カーターは猛烈な議会攻勢を仕掛けた。数少ない業績だったせいか、カーターは後の回顧録のなかで、このあたりの事情にかなりのページを割いているが、上院での二ヶ月に及ぶ審議の末、一九七八年四月一八日に賛成六八、反対三二で協定は可決された。上院での承認に必要な三分の二以上の賛成をわずか一票超えただけの勝利だった。

パナマとアメリカの長年の歴史と運河をめぐる確執を考えると、パナマ運河返還の協定は非常に高く評価されてもよいはずである。そして、反対が圧倒的だった上院を賛成に向けて説得し続けたカーターの努力も評価されるべきことだった。

だが、国際的な評価は別として、この協定がアメリカ政治に深い傷を残してしまったことは余りにも明らかだった。共和党の院内総務ハワード・ベイカーではないが、内心では反対しながらも、アメリカの国際的な評判や評価、そして他国に建設した運河を自由に管理することの道徳的判断を優先させたために、あえて賛成に投じた議員も多かった。だが、彼らは次の選挙で軒並み落選した。

協定が批准されたにもかかわらず、議会にも国民にもお祝いムードはなかった。カーター自身、この業績を誇りに思いながら、「深く、重大な政治的傷跡を残してしまった」と回想録に記している。そして、この協定が自分の再選を不可能にしただけでなく、一八人の上院議員たちを落選させてしまったと述懐している。

彼の決断はおそらくは正しいことだった。アメリカが建設した運河だとは言え、その管理権さえ独占してしまうことが許されるはずもなく、その強引なパナマ政策は、中南米諸国を疑心暗鬼にして、アメリカの立場や指導力に支障を生じさせるものであることは間違いなかった。上院議員の三分の二以上が批准に賛成を投じたことは、アメリカの良心がいかなるものであるかを示してもいるだろう。

カーターは「正しい」と思ったことを躊躇せずに行った。そこに示した粘り強さは驚異的だった。それは中東の問題解決にも向けられた。

戦後互いに敵国とみなし合い、そのために中東の、いや世界の不安定要因となっていたイスラエルとエジプトの間に平和条約を結ばせたのだ。一九七七年四月、大統領になるとほぼ同時に、彼はイスラエルの首相だったメナチャン・ベギンとエジプトの大統領だったアンオワ・サダトと接触を始めた。そして、一九七八年九月に二人をアメリカ大統領の別荘であるキャンプ・デイヴィッドに招き、ここで彼自身を仲介役とした三者会談を行ったのだ。都合、一三日間に及ぶ会談だった。

何度か訣別しそうになりながら、カーターの必死な努力で、二人は合意に達し、「キャンプ・デイヴィッド協定」が結ばれた。この協定は一九七九年三月二六日に正式に調印されたのだが、エジプト＋イスラエルの両国は通常の友好関係を樹立し、ヨルダン川西岸およびガザ地区でのパレスチナ人に自治を許すことを目指す交渉の開始を約束した。さらに、イスラエルはシナイ半島から段階的に撤退することを約束し、エジプトはイスラエルに対する経済制裁を終わらせ、スエズ運河の通航を認めると約束した。

この合意に至るまでのカーターの努力と忍耐力は最大の評価に値するだろうが、国民の反応はなぜか冷たかった。対立を繰り返し、互いに憎悪をむき出しにしてきた二国が、サダトとベギンという二人の指導者が到達した合意をすんなりと受け入れるとは思えなかったからだろう。パレスチナ問題が完全に解決されないかぎり、本当の平和はやって来ないと思っていたからかもしれない。

カーターはニクソンが始めた中国との国交回復をさらに一歩進めて通常の交流ができるようにもした。パナマとキャンプ・デイヴィッド協定と国際的には重要な成果をあげた。その点で、高い評価を得られるはずだったが、大きな失敗もしていた。

「人権外交」、「カーター・ドクトリン」、アメリカ大使館占拠事件——問われた政治力

よきキリスト教徒として、またよきアメリカ人として、カーターは人権をその外交の柱としていた。一九七七年五月にノートルダイム大学で演説したカーターは「人権に関わっていくことが我が外交政策の基本的教義なのだ」と宣言した。すべての国で人種、性別、宗教、そして政治的信条などによる差別を許さない、と強く決心していたのだ。人権のために戦うことは世界におけるアメリカの立場を強化することになる、と固く信じていたのだ。「人権外交」の主張だった。

だが、これはある意味で逆効果でもあった。それぞれの国にはそれぞれの事情や歴史、また文化がある。人権擁護という主張はともすればそうした各国の事情をまったく無視することになる。

せっかく正常化した中国との関係も思うほどには進展しなかったし、何よりもソ連を刺激することになった。

一九七九年六月一八日にカーターとブレジネフ首相の間で合意したSALTⅡ（第二次戦略的核兵器制限条約）は上院での批准に難航した。その最中の一二月、ソ連はアフガニスタンに侵略を開始した。これに対して素早く反応したカーターは、口頭での非難だけでは不十分だとして、ソ連に強い圧力をかける決意を表明した。

まず、上院にSALTⅡの批准審議を中止するよう要請した。高度な技術製品のソ連への輸出を禁止し、また穀物の輸出も全面禁止した。さらに、翌年、モスクワで開かれることになっていたオリンピックへの参加の取り止めを公表し、国際的にも同調を求めた。

さらに一九八〇年一月二三日の一般教書で、「カーター・ドクトリン」を発表し、将来のソ連の第三国への侵略はアメリカ合衆国の利益を損なうものとみなし、必要であるならば軍事的対応も辞さず、あらゆる手段で対抗すると言った。そして、議会に対して軍事予算の大幅な増額と徴兵のための登録の開始を要請した。アメリカは急速に臨戦態勢に突入したのだ。

この強硬策にはエドワード・ケネディ上院議員や、戦後のアメリカ外交のウォッチャーとして高名なジョージ・ケナンらからの厳しい批判があった。同時に農民たちからも穀物禁輸に関して激しい批判が寄せられたのだった。

これ以上に問題となったのは、一九七九年一一月のイランでのアメリカ大使館占拠事件だった。この年の初め、イランの国王シャーが転覆させられ、国外に逃げ去る事件が起きた。イラン革命だった。首謀者はアヤトラ・ホメイニ師だ。イランに親米のシャーに代わる革命政権が樹立されたのだ。新政権との確執を恐れた各国はシャーの長期間に及ぶ受け入れを拒否したが、彼の病気療養を理由にアメリカが彼の身柄を引き受け、ニューヨーク市内の病院に入院させた。

このために、一一月四日、イランの過激派がテヘランのアメリカ大使館に侵入し、大使館員ら六〇人ほどを人質に取って立て籠もったのだ。人質との交換条件として、シャーの身柄を要求した。数週間後、彼らは女性と黒人を解放したので、最終的には五二人の男性が人質となった。彼らは、アメリカ政府がイラン国民に対して犯した罪を謝罪すること、それらを金銭的に弁済すること、シャーの資産をすべてイランに引き渡すことを改めて要求した。

カーターはこうした要求をすべて拒否し、ホメイニが人質のアメリカ人をスパイとして処罰すると脅しをかけてきたときには、軍事行動を伴う報復を予告して、これに対抗した。カーターが行った初期の措置、イラン政府の在米資産の凍結とイランからの石油の輸入の全面禁止は、アメリカ国民からも強く支持された。彼の支持率は三二パーセントから一気に六一パーセントにまで跳ね上がった。

この支持率を見たカーターは一二月四日に翌年一九八〇年の大統領選挙への出馬を発表した。ただし、人質が解放されるまでは選挙運動はしないとの条件付だった。「ローズガーデン戦略」と呼ばれたこの選挙戦法は、あのケネディ大統領夫人ジャクリーンが愛し、丹精を込めて管理していたと言われるバラの庭に留まって、選挙を戦うことを意味していた。このような危機的状況で再選を目指すべきなのか、あるいはそもそも再選は可能なのかが議論され、検討されるべきだったはずだが、カーターの判断は違っていた。その上、人質問題解決のためにどのような政策を取るべきなのかという問題では、政権内は次第に分裂していった。国務長官のサイラス・バンスは徹底した外交的対話による解決を主張し、国家安全保障担当補佐官のブレジンスキーは軍事行動による解決を主張していた。

なかなか解決の糸口を見つけられないでいたとき、一九八〇年四月二四・二五日に、カーターは「イーグルクロー作戦」と名付けた救出作戦を断行した。この作戦決行に当たっては、バンス国務長官が強く反対した。決行が決定された段階（実施三日前）に彼は抗議の辞任をした。カーターの回想録によれば、決行で人質が解放される可能性がほとんどないこと、外交交渉での実効が全く見られなかったことが要因だったという。

秘密作戦は実行されたが、イランの自然が大敵だった。砂漠の砂の影響で救出部隊のヘリコプターが故障して墜落してしまったのだ。この作戦に自発的に参加した兵士八名がこの事故で命を落とした。作戦は続行不可能となってしまったのだ。四月二五日、テレビで国民に作戦の実施と失敗を説明したカーターは、責任はすべて自分にあると言った。

アメリカ国民への衝撃は大きかった。世界一の軍事力と信じていた自分たちの国は、つい三年前にベトナムから逃げ出すようにして撤退するという醜態を演じた。だが、国民たちの多くは、それでもベトナムは余りにも特殊だったのであり、アメリカの武器も作戦立案能力もそれを実行する部隊の戦闘能力もまだ世界一のレベルなのだと信じ込もうとしてきた。いや、そうであるはずだと思うことで、ベトナムの悲惨な敗北の衝撃との精神的なバランスを取っていた。

それが見事に裏切られたのだ。アメリカ大使館に侵入され、占拠され、大使館員らが人質になっている状況に、効果の全く見えない外交交渉でしか対応しないカーター政権に相当に苛立っていた国民たちにすると、当然の選択肢のひとつである軍事行動で、溜飲を下げたかったのだ。だが、墜落したヘリコプターの無残な残骸と消沈した兵士たちの姿を見せられては、大国アメリカの現実——弱く、まともに軍事行動も取れない現実に否応なく気づかされることになった。

人質は救えない。問題の解決はさらに混迷し、結果はまるで見えない。絶望感がアメリカを襲った。

威信の低下と絶望感の中で――エドワード・ケネディ〝最後の挑戦〟

そんな状況にあって、カーターは驚くべき発表をした。イーグルクロー作戦の失敗を公表したわずか五日後、彼は「ローズガーデン作戦」の放棄を発表し、通常の選挙、つまり遊説に出る、街頭に出る選挙をすると言った。特に、民主党の候補指名争いに名乗りをあげたエドワード・ケネディ上院議員が、ホワイトハウスに引きこもり、自分と正面から対決することを避ける状況を「逃げ」「臆病」「卑怯」と批判していたことが、大きな理由だったのだろう。

だが、人質救出に集中するために、が理由だったローズガーデン作戦だったのだから、問題が解決される前の作戦放棄は、彼が人質救出に熱意を失った、特に軍事作戦の失敗のために、と受け止められても当然だった。

カーターの優柔不断さが余りにも明白だった。多くの国民が彼の再選に関心を失うのも当然だった。現職の大統領を輩出している以上、同じ政党からこれに挑戦してはならない、というのがアメリカ政治のひとつの不文律だった。一九六八年にユージン・マッカーシーがこれに挑戦したが、結局は政党という組織の、目に見えない大きな力によって押しつぶされることになった。あのときの彼の勢いを見ると、当然、次の七二年には真っ先に注目され、頼られる候補者になると思われたのに、泡沫候補として葬り去られてしまっていた。自分より資格や能力に劣っていると思われていたマクガヴァンに敗れただけでなく、六〇年代には代表的人種差別主義者として知られ、そして一部からはその人格さえ疑われていたようなジョージ・ウォレスにも完敗したのだ。

勇気あるマッカーシーがその後たどった現実をみれば、自分の政党の現職大統領の再選に挑戦することの「愚かさ」と危険は余りにも明白だった。

だが、任期半ば以後、民主党の連邦議員の中でさえ「反カーター連合」なるものが結成されたり、七八年の議会選挙時にはカーターの応援を拒否する候補者が続出した状況のなかで、民主党の将来に不安を感じ、絶対に勝てない候補者よりも勝てる可能性のある候補者を選ぶべきだと思った民主党の政治家は少なくなかったはずだ。だが、ジンクスに二の足を踏む政治家が多くいたなかで、出馬を決意したのがエドワード・ケネディだった。

彼の出馬は多くの識者たちからは「無謀」と判断された。すぐ上の兄、ロバート・ケネディが党の指名を争う選挙戦の最中に凶弾に倒れ、誰もがその後継者として彼に期待をかけた六八年だったなら、おそらくは大きな可能性があっただろう。だが、その時、国民の期待に反して、「家族を守るため」――自分自身の家族だけでなく、暗殺された二人の兄の家族も、まだ健在だった両親も――という理由で、出馬を拒否した前歴があった。

国民は失望しながらも、その理由を受け入れざるを得なかった。まだ、次があるから……いつか、彼があのケネディの精神を掲げて、国民が希望を託せる大統領になってくれる日を待つことにしたのだった。

だが、一九六九年八月。彼はマサチューセッツ州の有名な避暑地であるマーサズヴィンヤード島に並ぶチャパキディック島で若い女性を溺死させる事故を引き起こしたのだ。事故の当事者であるエドワードは無事だったし、警察の取り調べも受けたのだが、この事故に関しては今日に至るまでずっと疑問が残っている。

兄ロバートの選挙を手伝った「秘書」たちを慰労するために数名の女性たちを島にあるケネディ家の別荘に招待した。その内の一人の女性、メアリー・ジョー・コペクニク譲とパーティを抜け出して車で出かけ、島にある小さな橋を渡る時に運転を誤って下の川に落ちた。自分は何とか脱出したものの、まだ車内に取り残されたままの彼女を残して、仲間の元に戻り、そのまま朝まで警察への連絡をしなかったのだ。

事故現場を離れた。現場のすぐそばに住宅もあった。電話も借りることもできた。事故直後に警察に連絡していれば彼女の命は救えたかもしれない。少なくとも警察への連絡は事故を起こした運転手の最低限の義務と責任を果たしたことにはなったはずだった。だが、彼は「逃げた」。結果的には彼は送検されなかったので、捜査当局は違法性や犯罪性はないと判断したのだろうが、いくつかの「なぜ?」は残った。

若い女性と二人だけで夜中にパーティ会場を抜け出したのは、なぜ? 警察への連絡が事故後十時間以上も遅れたのは、なぜ? 本人が供述したように、宿に戻りたいというコペクニク譲をフェリー乗り場まで送るはずだったというのなら、逆方向の道を進んだのは、なぜ?

エドワード・ケネディは二〇〇九年に亡くなった。この年の九月に彼が書き遺していた回想録が死後出版された。*True Compass*(訳書はない。『真の羅針盤』)とタイトルが付けられた本書は、彼がこれからアメリカを担っていく世代のために彼の精神、つまりはケネディ家の精神を伝え遺すという目的で書かれた、かなり優れた、そして感動的な回想録である。この中で、自分の人生を率直に振り返っているのだが、ことこの事件に関しては、これまで通りの、どこか曖昧な表現が多いままだ。

たしかに、これまで以上に、彼女の両親の悲しみを思いやるゆとりがある。自分の苦しみに比べれば、彼女のすでに亡くなっている両親に、この事件を語ることが、より大きな悲しみと苦しみを与えることになっただろう、とこれまでの自分の態度に言い訳がましいことも書いている。

事件に関しては、

　怖かったのです。相当に気が動転していたのです。とんでもない決断をしてしまいました。脳震盪を起こしていたこと、疲労困憊だったこと、ショック状態にあり、パニックを起こしていたことを考慮したとしても、この事故が私の家族に相当なダメージを与えることは分かっていたのです……そして、私の政治人生にも同じように大きなダメージとなることは分かっていたのです。

と、正直に述べている。「穢れなき女性を死なせてしまった」事実は「決して消えない」とまで自覚していることも述べている。しかし、引用箇所を読む限りでは、警察への通報を怠ったのは、ショックとかパニックとかではなく、家族のことと自分の政治人生のことであることが、明らかだと言えるだろう。つまり、彼は都合の悪いことは隠した、それから逃げた、のだ。そして、最後の最後まで隠し通した――。この疑いを晴らすことはできなかった。

翌年、一九七〇年の上院議員選挙では、州民たちは彼を許した。いや、事故にも関わらず、そして多くの疑問にも関わらず、彼にもう一期の機会を与えた。だが、それは彼とケネディ家に特別な感情を抱くマサチューセッツ州民だったからであり、全国的には彼の「政治生命」は終わりを告げていた。上院議員は構わない、だが、もうそれ以上はない。

交通事故に直面した彼がもし本当にパニック状態になっていたとしても、あるいは冷静な損得の判断で警察を呼ばなかったとしても、どちらにしても彼は大統領になる資格はないと判断されるのだ。パニックを起こしたとすれば、危機において弱すぎる精神力、また冷静に判断していたとすれば、人格的、道徳的に欠陥があるということになる。ケネディ家からもうひとりの大統領を、という夢はここに終わっていた。

そんな状況にあったエドワード・ケネディが敢えて挑戦者として名乗りを上げた。一九七九年一一月七日、彼の地元ボストン市内の歴史的建造物ファンル・ホールだった。一五分ほどの短いスピーチだった。テヘランの人質事件の四日後、まだ国民がこの危機状況のなかでカーターを支持していたときだった。

彼の準備は必ずしも完璧ではなかった。選挙運動も支持団体の組織化もなかなかうまく進まなかった。一九八〇年一月のアイオワ州の党員集会ではカーターに完敗した。回想録では、彼が州内の遊説先で長時間彼を待っていた聴衆たちと十分に接触しなかったためだと忠告してくれた元州知事のハロルド・ヒューズの言葉を紹介している。二人の兄弟を凶弾に奪われただけに、彼の周囲には異常な数のシークレット・サーヴィスが従っていて、彼と群衆とを隔てていたのだ。

しかし、この敗戦がすべてを変えた。「もう、怯えて、陰に隠れた生活はしない。堂々と正面に出ていく」と決意したという。

一月二八日のジョージタウン大学での演説で、彼は初めて真正面からカーターを批判した。と同時に、最初の失敗にめげず、最後まで戦い抜く決意を表明した。この演説は評判がよく、彼の真剣さ、大統領として取り組む姿勢、そして何よりもいま解決するべき問題を明らかにした点で高く評価された。だが、資金が不足していた。アフガニスタンへのソ連軍の侵攻、イランの人質事件と国家をひとつにしなければならないときに、自党の大統領に挑戦するという行為、そしてチャパキディックが持ち出されていた。個人的には感触がよかった、でも資金が集まらない、という選挙運動としては最悪の状況が続いていた。

したがって、八月一〇日にニューヨーク市で民主党の全国大会が開かれるときには、すでに勝敗は明白だった。ここに至るまでにも、ケネディには何度も選挙戦の継続を断念するようにという忠告や提案がなされていた。最後まで戦うと彼にはもう将来はない——途中で降りれば、将来がある、というのが党の指導者やベテラン政治家たちの意見だった。だが、彼は最後の最後まで戦うことを決意していた。

大会はカーターを候補者として選択した。指導力不足、決断力不足と欠点が明らかであったにも関わらず、やはり現職の大統領は強かった。「数時間前に私の戦いは終わった。でも、私と問題意識を共有してくれた人々にとって、戦いはまだ続いているのです。その信じるところはまだ続いているのです。希望はまだ生きているのです。だから夢を消させてはなりません」と最後にカーターの勝利を讃える演説の中で語ったものの、ケネディが訴えていたことも、そして彼の政治的将来も、ここで終わったのだった。

エドワード・ケネディの選択は正しかったのか。この判断は難しい。ただ、チャパキディックが常に背後霊のような負の陰として付きまとっていたなかでは、善戦だったことは確かだったし、当初の予想以上に支持を集めたことはたしかだった。その点では、国民の間に「ケネディ願望」がいかに強く残っているのかが明らかになった。もちろん、本人は、回想録でも強調していたように、「自分は自分。ジョンやボビーではないテディ（エドワードのこと）・ケネディ」としての選挙戦だっただろうが、国民たちがジョンとボビーの輝かしい時代、そして二人が咲かせていた大きな夢という花を、もう一人の「ケネディ」に期待するのは当然だった。

だが、ジョン、ボビー、エドワードと三兄弟が引き継いでいくはずの「松明」は、このとき明白にその火を消したのだった。

「不甲斐なさ」から「強いアメリカの再建」へ——ロナルド・レーガンの登場

強敵に勝って民主党の候補者として本選挙を戦うことになったが、人質救出作戦の失敗以後、ただ手をこまねくだけで解決の糸口、つまり人質解放の兆しさえ見えないイラン情勢と、モスクワ五輪への不参加以外に有効な手段をとれない対ソ政策など、不甲斐なさばかりが目立つカーターに本選挙の勝ち目はなかった。そんな状態のカーターを『ニューヨーク・タイムズ』紙のアダム・クライマー記者は、「二期目に達成したいという政策目標は持っているのだが、国民を鼓舞するような哲学、ヴィジョンに欠けている」と評価した。

　その彼に欠けていた哲学、明日のアメリカへのヴィジョンを提供していたのが共和党の候補となった元カリフォルニア州知事のロナルド・レーガンだった。彼は一九七六年に、自党の現職大統領フォードの再選を阻止するべく名乗りを上げ、そして敗れた。その意味では、八〇年のエドワード・ケネディと同じで、タブーに挑戦した不届き者であった。しかし、アメリカは偉大な国であり、その国際的な威信は回復させなければならないと守備一貫した発言をし続けていたこと――そのアメリカの威信はソ連のような「悪の帝国」を地球上から消滅させるために必要なのだと主張し続けていたこと――そのために軍事的に強いアメリカを再建すること――それは強い経済によって裏打ちされなければならず、それには大減税による景気回復と小さな政府を実現して無駄のない財政再建をすること――「新連邦主義」を実現して、なるべく多くの政策を州政府、そして地方自治体に移譲すること、という明確なヴィジョンを提供して、カーターの政策に対立姿勢を崩さず、結局、共和党を代表する唯一の政治家として四年間を過ごしていた。フォードに最後まで挑戦したことから生じるはずだった悪い評判は、彼の心底にある楽観主義を表したような明るい表情の効果もあって、急速に消えていたのだった。一二パーセントにも達するインフレ、高すぎる失業率、そして国際的なアメリカの威信の失墜という状況のなかで、国民にとっては実に頼れる存在となっていたのだった。

　その結果が一九八〇年一一月四日の大統領選挙だった。この日、レーガンとカーターが獲得した国民投票の総数の差はおよそ一〇〇〇万票だった。レーガンの圧勝で、彼が勝利した州は全米五〇州のうち四四州で、カーターは地元のジョージア州とハワイ、メリーランド、ミネソタ、ロードアイランド、ウェスト・ヴァージニア州の六州とワシントンDCにすぎなかった。結果として獲得することになった大統領選挙人はレーガン四八九人、カーター四九人だった。

この勝利は当時の国民がいかにカーターの四年間に失望していたかを示すものだ。国民が彼の代わりに選んだレーガンは、一九三二年にイリノイ州のユーリカ大学を卒業し、スポーツアナウンサーとして高い評価を得て、三七年にワーナーブラザーズの俳優として契約し、すぐに"Love Is On the Air"で銀幕デビューし、四〇年には演技派俳優として認められたことがあった。戦後は映画俳優組合の会長として労働組合の活動をしていたという異色の経歴の持ち主だった。

さらに彼が異色だったのは、一九六二年、ケネディ政権の時に、所属していた民主党を去り、共和党に鞍替えしていたのだ。そして、一九六四年の共和党の全国党大会で、絶対に勝ち目はないと思われていたバリー・ゴールドウォーターを支持する演説をした。この全国にテレビ放送された演説で、彼は高い評価を得ることになり、政治家としての道を着実に前進していくことになったのだ。六六年の選挙に勝って六七年にカリフォルニア州知事となり七〇年に再選されていた。

共和党員としての活動は順調だったが、彼が異色だった点はまだあった。それは離婚経験だった。最初の妻は女優のジェイン・ワイマンだったが一九四〇年一月に結婚して、二人の子供を持ったものの、九年後に離婚した。そして同じく女優のナンシー・デイヴィス(本名:アン・ロビンズ)と一九五二年三月に再婚し、二人の子供がいた。

アメリカ政治のジンクスでは、離婚経験者は大統領にはなれなかった。彼自身、一九六八年、一九七六年と二度の選挙に挑戦したものの、二度とも失敗に終わっていた。しかも、最初の妻はレーガンとは彼女の二度目の結婚で、彼と別れた後も二度結婚しているというハリウッド女優らしいスキャンダルさえあった。レーガンの勝利はこのジンクスを初めて破ったのだった。

そして、さらに異色だったのは、彼が勝利の翌年、第四〇代大統領として就任したときには年齢が六九歳三四九日だったことだ。誕生日が二月六日だったから、一月二〇日の就任式の日には彼はほぼ七〇歳、史上最年長の大統領の誕生だった。

レーガン政権に移る前に、カーターの奇跡について触れておきたい。それはイランのアメリカ大使館の人質事件だが、何と一九八一年一月一九日、政権交代の前日に解決したのだ。「人質解放協定」が調印されたのだ。人質事件が起きてから実に四四二日目の解決だった。

奇跡としか言えない出来事だった。カーターは最後の最後を有終の美で飾ったことになった。彼の粘り強さ、努力が実を結んだのだった。八一年一月二〇日、レーガンとの政権引き継ぎを終えたカーターは一市民として、解放された人質を出迎えた。

第三章　花は再び咲いたか？　――レーガン、そしてブッシュ

強運の持ち主、ロナルド・レーガン

一九八一年一月二〇日、レーガンが憲法の規定に従って大統領就任の宣誓を行った三〇分ほど過ぎたとき、イラン政府は五二人のアメリカ人の人質を全員解放した。四四三日間に及んだ危機は完全に終わった。

レーガン新大統領がベトナム戦争以後に脆弱化してしまったアメリカの軍事力を回復することを強く訴えていたこと、またアメリカの国際的な地位と指導力を回復するためには武力の行使も辞さないと主張していたことなどが、テヘランに何らかの圧力となっていたと考えられた。しかし、一度は軍事的救出作戦を実行したものの、基本的には外交によって問題を解決する、それも粘り強い交渉をもって「用心深く、思慮深い政策」を心掛けていたカーターにとっては、最後の最後に贈られた名誉だった。

レーガン政権になると同時の人質解放は、アメリカ国民に自分たちの選択が正しかったという自信を与え、そして新大統領の下ではきっと何か良いことが起きる、アメリカは良い方向に向かって変わっていくという期待感をもたらすことになった。ロナルド・レーガンという男の運の強さでもあった。

そのレーガンの運は議会にもあった。彼がホワイトハウス入りしたとき、下院の議長を務めていたのがマサチューセッツ州ボストン出身のティップ・オニールだった。ボストンの貧しいレンガ工の家に生まれたが、苦学して大学を卒業してから、一貫して労働者の利益のために戦ってきた政治家だった。一九五二年の選挙時に上院に鞍替えすることになったジョン・F・ケネディの地盤を引き継いだことで、下院入りすることになったが、当初より党派を超えて現実的な利益、労働者など弱い立場の人たちの利益を最優先する態度を維持した。

七七年に下院議長に選出されるが、カーター大統領が頼りなかったために、次第に民主党の顔、政界のドン的な存在になっていた。

レーガンが大統領となり、同時に共和党が上院の多数となる、いわゆる「ねじれ現象」(日本では大問題となる現象だが、アメリカでは頻繁に起きるので「大問題」というほどのことはない)が起きていた。この状況で、オニールは何よりも「政治を止めない」ことを最優先課題とした。本来の民主党の主張と異なるレーガンの政策——大減税による景気回復、軍事費の大幅な増額、社会福祉費の削減による均衡財政、連邦政府の役割を州政府と分担させる小さな政府の実現——に、やみくもに反対するのではなく、むしろ協力する姿勢を示したのだ。

オニールは先に政界を引退することになるが、彼が議長を務めていた八六年までの六年間、レーガンは最大の理解者を議会に持っていたことになる。議長として一〇年間君臨した事実が、いかに多くの議員仲間の支持を得ていたか、仲間たちから慕われていたかを、その記録は示している。指導力もあり、議会操作にも長けていたオニールが下院にいなかったら……と考えるのは余り意味のないことかもしれないが、彼が引退したあとの二年間の状況を見る限り、その存在の大きさを理解できる。

レーガン大統領はもう一つの運に恵まれた。就任二ヶ月後の三月三〇日の暗殺未遂事件だ。銃弾が命中した意味では、決して運がよかったわけではない。だが、銃弾がわずか二センチほどで心臓を避けていたことは不幸中の幸いだった。まさに運がよかった。

しかも、新政権発足直後ということもあり、この事件によって議会も、国民も無事だった大統領を後押しするために一体化した。このことはその後の政局運営のうえで、最高の状況を作りだしてくれたのだ。新政権発足後は議会が強い抵抗を示さないということで「蜜月期（ハネムーン期）」と言われているが、彼の場合はこの蜜月が異常に長く続くことになった。

その意味では、「有名になって好きな女優に自分の存在を知ってもらいたい」などという訳の分からない理由を語った容疑者ジョン・ヒッコリー二世（事件時二五歳）を恨むことはできないだろう。

余りにも突然の出来事に動転した国務長官のアレクサンダー・ヘイグが、事件直後に政権は自分が掌握していると発言し、物議をかもしたりしたが、国内の動揺を最小限に抑えようとする気持ちが強すぎたゆえの失言だったのだろう。いずれにしろ、レーガンの早期退院とホワイトハウスへの復帰によって、彼が打ち出した新しい政治は着実に前進することになった。大きな変化をアメリカにもたらすことになったのだった。

政治の流れを変えた「レーガン革命」

「第二のアメリカ革命」と呼ばれた（が、これは誤訳。「もうひとつのアメリカ革命」が正しい訳）ほど、レーガンは大きな変化をもたらした。これまでの、特にケネディ以後二〇年間のアメリカの政治の流れを逆転させたのだから、彼が今日なお多くの世論調査で「最も人気のある大統領」として評価されているのも頷ける。「レーガン革命」「保守革命」とも言われる時代を捻出したのだ。

そこには映画俳優として、あるいはラジオのスポーツアナウンサーとして鍛えあげられた話術があった。魅力的な声もあった。そして、何よりも楽観的な顔つきがあった。すべてが天性のものかもしれないが、カーターの笑顔が正直さを印象づけるだけでしかなかったとしたら、同じようなレーガンの笑顔は人々に安心感を与え、信頼感を与え、「この人になら付いていける」という依存心を植え付けたのだった。

一九三三年にフランクリン・D・ローズヴェルトが大統領になって最初の一〇〇日間で議会に一八の新しい法律を採択させた「ニューディール」については余りにも有名だ。採択した議会は「一〇〇日議会」と記憶され、この法律は一括してニューディール政策として歴史に名を残し、高い評価を浴び続けていているが、ウォール街での株の大暴落で始まった経済危機から本当にアメリカを救ったのがこの政策だったのかは、もっと厳密に検証されなければならない。失業者数は増え続け、ローズヴェルト政権発足五年後の一九三七年に最高に達していた。現実的にはそれほど印象に残る成果をあげたわけではなかった。

だが、連邦政府が大きな権力を使って、国の政治のみならず、経済にも、社会生活にも介入するという この政策の根底に横たわる思想は、それまで一五〇年間も守られてきた「連邦政府の持つ権力は非常に限定されたもの」という伝統的な思想、そして憲法解釈を根底から覆すものだった。だから、ニューディールの思想を受け入れられなかった最高裁は、一九三四年に一八の法律のうち一五の法律を「憲法違反」と判断したのだった。

この憲法問題にはここでは立ち入らないが、ニューディール政策はそれでも従来の考えや政治・社会・経済のあり方を大きく変えた。連邦政府の権限拡大は、当然のように、受け入れられ、公共事業（TVAとして知られるテネシー川流域の開発事業は違憲判決を免れた）は連邦政府の重要な責務として認められたのだった。つまり、伝統的な限定された「小さな政府」ではなく、拡大された権限を有する「大きな政府」がここに誕生したわけだ。

それ以後、カーターに至るまで、冷戦という現実、人種問題という国内の現実、映画「理由なき反抗」で描かれたような若者たち、そして女性などの地位と権利の主張などの新しい社会変化は、連邦政府の大きな政府としての役割を前提としていたし、また逆にそれを拡大さえしてきたのだ。

レーガンはこの流れを一気にローズヴェルト以前に戻そうとした。彼の言う「小さな連邦政府」と州政府の権限と役割を拡大しようという「新連邦主義」とは、まさに一九二〇年代の所謂、「古き良き時代」「金ぴかの時代」をイメージしていたのだ。アメリカは「小さい政府」の下でこそ、繁栄し、安定するのだと。

それでもレーガンにとって、尊敬する政治家はローズヴェルトだというのだから奇妙な感じは免れないが、頼りないカーターの後継者として現れたレーガンは、見事に国民を納得させたのだ。世界でのアメリカの威信の低下も国内の経済的低迷も、とくに失業率の高さなどは、すべて連邦政府を小さな政府にして均衡予算を実現し、減税によって増収を図るという「サプライサイド」経済学の考えで解決できるのだという彼の主張に、国民はほぼ一致して同意したのだった。

所得税（特に一定所得以上の所得者たちへの課税）を大幅に減税すれば、それが消費に回る――消費の活発化は生産の向上につながる――それは更なる消費の拡大へ……と、経済活動の好循環を産み、それはさらに企業や個人の所得の増大に、そして結果として所得税収入の増加につながる。これがレーガンが強く訴え、信じ、そして実行したことだった。

一方で、国家としてのアメリカに必要な軍事力の強化には惜しみなく予算を組む。アメリカが軍備増強を始めることで、ソ連を同じ軍拡競争に巻き込む。だが、ソ連の経済の現況では、軍拡は経済および財政の破綻を必ず招く。その結果として、ソ連は平和希求の路線を選ぶか、国家崩壊の道を歩み出すかでしかない。レーガンのとんでもない発想だった。

ソ連が発射するかもしれないミサイルを迎撃する現在のシステムでは国家防衛に不十分であるとして、八三年三月二三日の全国向けのテレビ演説で「戦略的防衛構想（ＳＤＩ）」を発表して世の中を唖然とさせた。ソ連の攻撃ミサイルを大気圏外で全部迎撃して、破壊する防衛ミサイル体制を確立するというのだ。

防衛費（軍事費）を増やし、武器の増大と新しい武器の開発が軍事産業を刺激することは間違いない。軍事産業がある意味での「総合産業」であるとすれば、この分野への刺激は全米の経済を刺激することになる。これもレーガンの判断だった。

大減税と軍事拡大という矛盾した政策を同時に進行させよう、それによって国内経済の回復と復興を図ろうという、余り常識的ではない主張は「レーガノミックス」と呼ばれ、一部では嘲笑の対象とされ、しかし一部では、他に望みがないだけに、自分たちの生活をよくしてくれるものとして期待もされた。

余談だが、このレーガノミックスを文字って「アベノミックス」などと得意がっている政治家がいる。消費税を値上げし、さらに東北復興のための特別徴収による実質的な所得税の値上げ、その上、主婦の扶養家族控除を廃止するなどというさらなる税の値上げの方針を打ち出すという、消費を冷え込ませる政策を押し出し、同時に円安政策によって国内物価の値上げ、電力、水道などの相次ぐ値上げ……経済を刺激することなどできるはずのない一連の政策を「アベノミクス」などと得意がっているのだから、何をかいわんやだ。

レーガンの政策は当時、着実にアメリカを復活させた。彼の在任中の二期八年間で確実にその基礎的な回復をした。失業率は大幅に低下し、企業と個人の所得は増大した。ただレーガンが望んでいた財政赤字の解消にまでは至らなかった。それでもレーガンが復活の道を歩ませた経済は、九〇年代に入ってその財政赤字の解消を実現するまでに躍動したのだ。結果的にはバブル経済として新たな問題を産むことになったが、しかしそれは後継大統領たちの無能無策の責任でもあって、経済の流れを見る限り、レーガノミックスは確実に効果を生んでいた。初めから消費拡大を無視しているアベノミックスなどは、日本の経済基盤を弱めこそすれ、強化し、真の経済回復を呼び込む力になるはずがない。

社会の潮流を読む保守政治家――「レーガン最高裁《コート》」を形成

古き良き時代への回帰、そしてソ連との対決姿勢を強めることでの冷戦再開は、州知事時代に学生の反戦デモを州兵によって押さえつけた言論の自由への挑戦的態度なども要因となって、レーガンは保守政治家、超保守主義者として批判された。だが、そんな保守政治家が、大統領就任後に訪れた最初の最高裁人事(八一年七月七日)で、新しい判事としてサンドラ・オコナーという五一歳の女性を指名して、社会の新しい潮流を十分に理解していることも示したのだった。

オコナーは引退したスチュワート判事の後任として最高裁入りする最初の女性となったが、六〇年代に始まった女性解放運動、女性の権利拡大運動の象徴的存在となった。彼女はアリゾナ州出身で指名当時は同州の控訴裁判所の判事だったが、一九六九年から七四年までの五年間、州の上院議員を務めていた経験もあった。指名時には最高裁判事九名のなかで最年少となった。上院は九九対〇の満場一致で彼女を承認した。レーガンが指名したのだから、一応は保守的な判事として理解されたが、最高裁判事としては必ずしも一定の立場に立った訳ではなく、非常に現実主義的な、それぞれの事件の本質を理解した判断を優先させたことで高い評価を得ることになった。

レーガンは在任中に、このオコナーの他に三人の判事を最高裁に送り込む機会を得た。二期目の一九八六年六月に当時の最高裁長官だったウォーレン・バーガーが引退を表明した。この空席に、すでにニクソンによって最高裁判事に任命されていたウィリアム・レンキストを格上げ異動して長官とする人事を発表し、そのレンキストの代わりに一九三六年ニュージャージー州生まれのジョン・スカーリアを指名した。上院はレンキストを五五対三三で最高裁長官として承認し、同時にスカーリアを九八対〇で承認した。

翌年六月、ジョン・パウェルが引退を表明した。レーガンは最高裁を保守的にする絶好の機会と判断し、当時法曹界では最も保守的と考えられ、一九五〇年代以降の最高裁判決に見られたな憲法の進歩的な拡大解釈に反対して、憲法は原文通りに忠実に解釈するべきと主張していたロバート・ボーク連邦控訴裁判所の判事を任命した。

しかし、このボークには批判が集中した。ニクソンのウォーターゲート事件の捜査のとき、特別検察官だったコックスの解任をめぐり、当時の司法長官がこれを拒否、次官も拒否するなかで当時司法省の第三位の立場にいたボークがニクソンの意向に従って、コックスを解任した。あの土曜日の大虐殺の張本人だったからだ。

案の定、上院の司法委員会は八七年一〇月六日に九対五で任命を拒否した。この時の司法委員会の委員長が現在のジョー・バイデン副大統領だった。本来なら、この時点で上院での承認の可能性が極端に低くなったために、混乱を避け、任命した大統領のメンツも守るために任命を辞退するべきだったのだが、ボークは最後まで戦い抜くことを表明した。そのため、一〇月二三日に上院の本会議で審議されることになった。本会議は四二対五八で彼の任命を否決した。

そのために、レーガンは改めてカリフォルニア州のアンソニー・ケネディを一一月三〇日に指名した。彼は全く問題なく八八年一月二七日、九七対〇の票決で上院によって承認された。

ここにレーガンは最高裁長官を含む四人の判事を最高裁に送り込むことに成功したのだ。レーガンが自分の考えに同調すると判断し、期待した判事たちだった。九人の最高裁判事のうち四人をひとりの大統領が任命するという稀有な機会を得たわけだが、以後、最高裁は「レーガン・コート（レーガン最高裁）」と呼ばれることになった。

第一期目のレーガンは順風満帆だった。国内の在り方を根本から変える「小さな政府」の政策は着実に議会を通過した。上下両院を民主党が多数を占めていたにも関わらず、多くの民主党議員が「レーガン民主党員」として、前述した「レーガン革命」に賛同した。多くの国民もこれを受け入れた。

おそらくは、元ハリウッド俳優としての魅力があった。「アメリカのお爺さん」を地で行くような明るく、楽観的な笑顔と年齢を感じさせない容姿は人を惹きつけるものがあった。未遂に終わった暗殺の凶弾を取り除く手術の前に、「共和党員であってほしいね」と担当医師に冗談を言ったというユーモアのセンス。その手術からわずか一一日でホワイトハウスに舞い戻った想像を絶する逞しさ。レーガンのすべてが彼の成功を助けていた。

それに加えて、彼の演説だ。語る内容は、たとえばケネディのそれと比べると、格調さに欠ける。だが、主に彼の演説原稿を書いていた女性スピーチライターのペギー・ヌーナンの文章は簡潔で、率直なものだった。この原稿にレーガンはその声の調子と間合いとで、まさに命を吹き込んだのだ。ごく普通の文章がレーガンの体を通して声となると、強烈な刺激を伴って聴衆の心に迫った。ヌーナン自身が回想録のなかで書いていることだが、自分のことばが、予想もしなかったかたちで音として表現されるのは、実に心地よかったという。

数多い演説のなかで最も印象的だったのが、二期目の一九八六年七月二八日にスペースシャトルの「チャレンジャー号」が発射わずか七四秒後に空中爆発して、乗組員全員が死亡した、アメリカの宇宙開発史上最大の事故のときの演説だった。打ち上げの様子はテレビ中継されていただけに大きな衝撃を国民に与えたが、乗組員のなかにクリスタ・マコーリフという小学校教員の若い女性がいたことが（日本人にとっては、日系二世の乗組員がいたことも重要だったが）余計にその衝撃を大きなものにした。

この時、全国向けのテレビで追悼演説をしたレーガンは、目に涙を浮かべながら亡くなった宇宙飛行士たちを悼み、彼らの家族と全国民の悲しみを共有することを語った。そして、悲しみの表情を一転させて、いつもの笑顔さえなかったものの、あの楽天的な表情に戻り、宇宙飛行士の勇気を引き継ぐこと、人類の進歩と科学の発展のためにも、彼らの不運を乗り越えて、宇宙探検と宇宙開発は続けていかなければならないことを訴えた。今の悲しみを乗り越えて、明日の成功に向かって進んでいかなければならない。レーガンの強い意志の表明だった。

この演説は、ある意味で非常に感情的なものだったが、国家的な大事件を次の大きな希望と夢に変えるだけの力のこもったものだった。レーガンは大統領退任後、「偉大なる演説家」（the Great Communicator）と評されたが、国民の思いに真正面から飛び込んでいったこの演説は、聴衆の心に訴える演説家としての抜群の能力を示している。

いまチャレンジャー号の犠牲となった宇宙飛行士たちは立派な記念碑と共にワシントンのアーリントン国立墓地に眠っている。

ソ連との対話、グレナダ侵攻、そして「イラン・コントラ事件」

レーガンの時代、彼が最大の敵としていたソ連はブレジネフ、アンドロポフ、チェルネンコと指導者が変わり、そしてミハイル・ゴルバチョフが政権についた。レーガンは敵国ソ連の歴代の首脳とは会おうとしなかったのだが、ゴルバチョフが政権に就くと、この政権とは真剣に話し合う決意をした。

ゴルバチョフが「グラスノスチ」と「ペレストロイカ」の政策を打ち出すことを公表したからだ。グラスノスチはソ連社会の開放を意味し、究極的には共産党支配からの脱却を意味していた。そしてペレストロイカは中央集権の農業・工業体制を廃止して、自由市場原理に基づく経済体制に移行することを意味していた。ゴルバチョフはソ連の「自由化」を共産党主導で行っていくことを公表した訳だ。

彼らは積極的に会合をした。ジュネーブ、レイキャビック、モスクワ、そしてワシントンDCと、レーガンの強烈な反ソ喧伝にも関わらず、両首脳は初めて本格的な「雪解け」に向けて努力を重ねたのだった。

この結果、一九八七年一二月に両首脳は史上最も画期的な軍縮協定に調印することになった。INF（中距離核兵器条約）と呼ばれた取り決めで、両国は中距離ミサイルの撤廃に向けて合意したのだった。向後一八ヶ月のうちに二六〇〇もの核弾頭を破壊し、そして相互に現地視察を認め合うという画期的な合意だった。両国はこれまではSTART（戦略核兵器制限交渉・条約）などを通して、それぞれが保有する核兵器の最大数を制限するというかたちでの交渉は成功させてきていた。それが初めて、所有している核兵器を廃棄処分するという英断に到達したのだった。

対ソ強硬姿勢を打ち出し、八三年三月にはソ連を「悪の帝国」と呼び、ソ連共産党を「現代世界の悪の根源」とまで言い切って挑発的な態度を取り、それまでは恒例だった米ソ首脳会談を拒み続けていたレーガンの出現で、ソ連側が軟化したのか、あるいは単にアフガニスタン侵攻とそれに伴う世界各国からの経済制裁によってソ連経済が相当に破綻していたために、誰が首脳になったとしても対米軟化路線を選ばざるをえないところまで追い込まれていたのか、その要因はさまざまに考えられる。

だが、この核兵器削減の合意の陰に、ソ連のアフガニスタンからの撤退、ベトナムがカンボジアから撤退、キューバがアンゴラから撤退、そしてフィリピン、韓国、ブラジルで独裁政権の崩壊がレーガンの時代に続いたという現実は、やはり注目する必要があるだろう。レーガンが、つまりアメリカが積極的に何か仕掛けたというよりも、世界が全く新しい方向に動き出していた時に、彼が偶々大統領だったということなのかもしれない。

もちろん、同時期、イギリスには「鉄の女」マーガレット・サッチャーがいた。レーガン以上の「保守主義者」がレーガンとタックを組んでいたという状況が、世界の変化の要因となっていたのかもしれない。

レーガンは、自分の信念は口先だけではないことをグレナダで示した。一九八三年一〇月二五日、彼は突然、海兵隊と陸軍特殊部隊からなる一七〇〇人の部隊をグレナダに侵攻させた。親米的だったモーリン・ビショップ政権が過激派によって転覆されたのが原因だった。表面的な名目はグレナダにいた一〇〇〇人を超えるアメリカ国民を守ることだった。

「グレナダ侵攻」として世界を驚かせた事件だったが、侵攻作戦自体は九日間で終了した。国内の治安維持のための部隊が一二月まで残ることにはなったが、一九名のアメリカ兵、四五人のグレナダ人、そして二四人のキューバ人の命と引き換えに作戦は短期間で終わった。

レーガンはこの武力行使は「救済」のためのもので、決して「侵攻」ではない、と主張し続けたが、アメリカ国民は短期間で終了したこの「侵攻」作戦を静かに認めることになった。

カリブ海に浮かぶ小さな島国の出来事であったかもしれないが、「もうひとつのキューバ」の出現は許さないとするレーガンの強烈な主張が、世界に対して何かを示したことはたしかだろう。これがソ連の軟化や各地での民主化をもたらした原因となっていたのかもしれない。

強硬な態度を取れば必ずすべてが解決するというものではない。だが、レーガンという政治家の持つ不思議な魅力が、彼の示す「力」に大きな威力を与えていたのだろう。八一年から八年間の彼の時代が、世界を大きく変える時代として歴史に残ることになったのだ。

この侵攻は別の意味で大きな関心を呼んだ。それはニクソン時代、ニクソンがその成立に拒否権を行使して反対した「戦争権限法」を議会が成立させていたのだ。これは大統領が軍隊を動かして戦闘状態に入った時点から一〇日以内に議会に状況報告する義務を大統領に課したものだった。そして、三〇日以内に議会がこの武力行使を認めなかった場合には、大統領はその三〇日後以内に全軍を撤退させなければならないというのだ。

本来なら議会が憲法によって保障された戦争宣言をしてから、軍隊が動員され武力行使となるべきなのに、第二次大戦後、朝鮮戦争も、ベトナム戦争も宣戦布告なしで、アメリカ軍が戦いに関わることになってしまっていた。ベトナム戦争の泥沼化の中で、議会が大統領に対して自分たちの権利を主張したものがこの法律だった。

ニクソンは全軍の最高司令長官として憲法が規定している大統領の立場とそれに付随する権利を脅かす違憲立法だと主張し採択された法案に署名を拒否して、議会に再検討を求めたことがあった。議会は上下両院が三分の二以上の賛成(上院七五対一八、下院二八四対一三五)でこの大統領の拒否を乗り越えて、「戦争権限法」として成立させていた。一九七三年一一月七日だった。

この法が成立してから初めての軍隊出動がグレナダ侵攻だった。したがって、大統領が一〇日以内に議会に報告する義務を果たすかどうかが注目されたわけだ。つまり、レーガンは先任大統領が署名することなく成立した法に従って遵法精神を示すか、あるいはこの法を無視して戦闘行為を継続するかどうかが注目されたわけだ。

こんな状況も九日目のアメリカの勝利によって一気に解消してしまった。


エル・サルヴァドルでは困った状況が続いていた。アメリカが支援し、軍事・経済援助を続けてきていたホセ・ナポレオン・デュアルタが率いるキリスト教民主党の政権が、市民に被害を与えながら政権転覆を狙う極右勢力の活動と共産ゲリラの反政府活動に挟まれて、国内治安の維持さえ難しい状態に追い込まれていた。

ニカラグアではサンディニスタ共産政権の打倒を目指す反政府勢力、コントラにレーガンは資金と武器を提供し、さらに戦闘部隊の訓練に関わっていた。レーガンの認識では、中米におけるソ連の影響力拡大によってニカラグアが完全に共産勢力に取り込まれるのは、絶対に防がなければならなかったのだ。

レーガンはニカラグアのサンディニスタ政権が中米の安定に非常に危険な存在であり、それ故にコントラを「アメリカの建国の父祖たちに匹敵する道徳的存在」だと主張したが、これを真に受ける国民は少なかった。議会は一九八三年に「ボーランド修正」をレーガンに押し付けた。これは外国の政権転覆を目的として活動する勢力への資金の提供を禁止する議会の決意の表れだった。

一九八四年にCIAがコントラによるニカラグアの港の封鎖に関与していたことが明らかになった。そのため、議会はコントラへの援助を全面的に禁止した。これに対して、当時のCIA長官だったウィリアム・ケイシーがサウジアラビアを経由して、一五〇〇~三〇〇〇万ドルに及ぶ援助を極秘のうちに送っていたのだ。コントラが壊滅させられることを望まなかった議会も一九八五年一二月に非軍事的な援助に限定して四〇〇万ドルをコントラに送る決定をした。さらに翌年一〇月にはレーガンが、議会の反対を押し切って、一億ドルの軍事援助を実施した。

この直後、レーガン政権が一九八五年以後、イランに武器を極秘に売却していた事実が明らかになった。レバノンで捕虜となっていたアメリカ人の解放の援助をするというのが武器売却との交換条件だった。これが問題だった。レーガンはテロリストとは決して交渉しないと言明してきていたからだ。そのため、彼は武器売却は現イラン政権の指導者ホメイニ後の新政権との関係の基盤を築くためのものので、イラン国内の穏健派との関係を強化するためのものだと説明した。

しかし、一一月にイランへの売却代金は高く設定され、その利益分がコントラに流れていたことが判明した。しかも、これに国家安全保障会議のメンバーが関与していたのだ。

この「イラン・コントラ事件」と呼ばれるようになった出来事が判明したために、国家安全保障会議のジョン・ポインデクスター准将が辞任に追い込まれ、さらに彼の副官の一人だったオリバー・ノース大佐が解職となった。

司法長官エドウィン・ミーズの調査では一〇〇〇～三〇〇〇万ドルの売却利益が明らかになったが、レーガン大統領は関知していないと発表された。議会は上下両院の合同調査委員会を立ち上げ、また大統領は元上院議員のジョン・タワーが率いる調査委員会をたちあげなければならなくなった。ウォーターゲート事件以来の大事件に発展したのだ。

タワー委員会は最終報告で、ノース大佐が国家安全保障会議内部から秘密工作活動の支持をしていたこと、そしてレーガン大統領の怠慢および監督不行き届きが事態を引き起こしたと結論した。

議会の調査委員会では、ウォーターゲート事件の時と同じように公聴会が開かれ、ノース大佐やポインデクスターが喚問された。公聴会直前にこの事件に関わったと推定されたCIA長官のケイシーが死亡してしまっていたために、真相究明がどこまでできたのかは不明のままだが、ノースとポインデクスターの二人は大統領には何も知らせていなかったと主張し続けて、レーガンを守った。

イランに武器を高く売って、その売却利益をニカラグア政府転覆を試みる勢力の資金源としていたという前代未聞の事件だったが、国民の本当の関心は、これもウォーターゲート事件と同じで、「大統領はどこまで知っていたのか？」にあった。その程度によっては、ニクソン同様に弾劾という問題も起きてくるはずだった。その意味で、大統領の監督能力が問題視され、行政府内の諸手続きの杜撰さが指摘されただけで、幕引きとなったのは物足りなかったはずだ。

この事件が明るみに出た後のコントラは、議会がすべての援助を打ち切ったこともあり、革命勢力としての活動を維持できなくなった。一九八八年にはサンディニスタ政権と戦闘終了の合意をせざるをえなくなった。一九九〇年、ニカラグアでは民主的な選挙によって新大統領が選ばれた。一応、民主化への道を歩みだしたのだった。

「アメリカはひとつ」現象——ロサンゼルス・オリンピックと大統領選の大勝利

レーガンの二期目はこのイラン・コントラ事件によって完全に精彩を欠いたものになった。一九八四年の再選時の選挙でミネソタ州とワシントンDCを失ったものの、四九州で勝利するという圧勝を経験していただけに、この事件さえなければ、もっと実績の残せた二期目になっていたはずだった。

ちなみに、一九八四年の選挙は勝った側が国民投票で負けたのが一州とDCのみという点で一九七二年のニクソン再選のときと同じだった。だが、その一州が八四年は民主党候補者モンデールの出身州のミネソタで、七二年はマサチューセッツだった。ミネソタが持つ大統領選挙人の数が一〇、そしてマサチューセッツの持つそれが一四だったので、結局、歴史的にはこの時のレーガンが、史上最大数の大統領選挙人(五二五人)を獲得したことになった。

一九八四年はレーガンの最盛期だった。それはこの年の七月二八日から八月一二日までロサンゼルスで開かれたオリンピックの成功も大いに貢献していた。

このロサンゼルス・オリンピックは現代五輪の始まりだった。オリンピック(+パラリンピック)は開催都市にとっては名誉ある世界イベントだったが、財政的には大きな負担となり、赤字覚悟の一大決心が必要だった。それをこのロサンゼルスでは、五輪開催を一種の商売として運営することにし、スポンサーの獲得など一大商業イベントとすることにしたのだ。それによって、初めて黒字を残す大会となった。

その意味でもオリンピック史上、重要な転機となったのだが、アメリカにとってはとてつもない大会となったのだ。アメリカチームが獲得したメダル総数は一七四個、そのうち八三個が金メダルだった。

各競技場での「USA」の叫び声は大きなうねりとなって、アメリカ選手を後押ししたのだが、アメリカ国内が一大応援団となったような団結を見せた。アメリカ人の愛国心が怒涛のように各会場を襲ったのだ。それはカール・ルイスの活躍となり、また女子マラソンでの全くの無名選手ジョーン・ベノイトの圧倒的な走りとなった。

この夏の盛り上がりが、秋のレーガンの大勝利に結びついたというのは単純すぎるかもしれないが、「アメリカはひとつ」という現象が生じていたのはたしかだった。

「より親切で、よりやさしい国」――ジョージ・ブッシュ

そのレーガンの後継者となったのが、コネティカット州選出の上院議員を父に持ち、本人も戦後一九四八年にイェール大学を卒業後、油田掘削の会社勤めを経てテキサス州から下院議員に選ばれ、国連大使、共和党全国委員長、北京の仮設大使館の責任者、CIA長官を歴任し、レーガン政権では八年

間副大統領を務めていた、ある意味ではワシントンDCに精通しつくしたジョージ・ブッシュだった。

ブッシュは二〇歳のときに一歳年下のバーバラ・ピアースと結婚し、四男二女に恵まれていた。一九六四年初めて上院議員に立候補したが敗北、二年後下院議員に選出され、さらにその二年後再選を果たすものの、七〇年の上院議員選挙では再び敗れた。だが、ニクソン大統領に見い出されて、外交分野での華々しい活動が始まり、全国的に名前も知られるようになった。一九八〇年にレーガンと共和党の指名を争ったが敗れ、最終的に副大統領候補となり当選という浮き沈みの激しい経歴だった。一九八〇年の大統領選挙では相手の民主党候補デュカキスに八〇〇万票の差をつけた圧勝だった。レーガンの下での「アメリカはひとつ」ムードにうまく乗った形の勝利だった。

大統領選挙戦から主張していたアメリカを「より親切で、よりやさしい国」にする、を大統領としての目標に捧げ、アメリカを党派を超えた対立のない国にしようとした。

ベトナム戦争、ウォーターゲートと大きく分裂し、カーター大統領の下で政治不信が強まってしまっていたアメリカが、レーガンによって分裂から統一への動き、そして連邦政府への信頼感の復活という様相が生じていた。その流れを維持し、さらに強化していくためのスローガンだった。

育ちの良さを思わせる表情と態度、政界での長い生活と様々な職務での経験などから国民が一応の期待と安心感をもって迎えることができた大統領だった。しかも、ニクソンなどに見られた強い権力欲や顕示欲を感じさせない好人物の印象が強かった。

ブッシュは実は一度「大統領」になっていた。一九六七年に成立した憲法の修正第二五条で、大統領職の継承順と、副大統領が空席になった場合の手続きとが定められた。この条項の中に、大統領が何らかの形で職務遂行不能の状態になった時には、副大統領が「大統領代行」としてその職務を全うすることができるように定められていた。

一九八五年七月一三日にレーガンはベセスダ海軍病院で癌の手術を受けることになった。手術の間は全身麻酔を施されるし、手術後も麻酔が覚めるまで数時間を要することが明白だった。そのため、レーガンは修正二五条の規定に従って、下院議長宛てにブッシュ副大統領を代行として全権委任するという書簡を提出し、受理された。

手術は二時間五三分かかったが、その後五時間ほど麻酔からの覚醒時間が必要だった。それで七時間と五四分の間、ブッシュは「大統領代行」というアメリカで最初の職務に就いていたのだ。ブッシュ個人の経歴としては実に奇妙な体験だったわけだ。

ところが、この代行の間、彼はレーガンの手術の成功と一瞬でも早い覚醒を祈り、自分が偶然にも手にすることになった絶大な権力への関心も示さなかったし、その権力がもたらす職務や特権などにも執着しなかった。分をわきまえた男として高い評価を得ていたのだ。

だからこそ、「よりやさしい国」という彼の描くアメリカ像に期待が寄せられたのだろう。

宗教対立と冷戦の終結——新時代のなかの大統領

ブッシュは一期四年間の大統領で終わってしまった。結果的にはカーターと同じだった。だが、カーターが人柄のよい人物だったけれど、指導力の欠如と自らの失政で一期だけの大統領になってしまったのに対して、ブッシュの場合は彼の力や能力では、どうすることもできない世界の大きな流れが、彼にとって厳しい状況を作り上げてしまっていた。その意味では、非常に気の毒な時に大統領になってしまったと言えるのかもしれない。

彼の四年間（一九八九年〜一九九三年）に、世界は劇的な変化を遂げた。

ひとつは宗教問題がそのまま国際問題となったことだ。二つはソ連崩壊に見られる戦後体制の根底からの変革だった。戦後、米ソ対立の冷戦という構造のなかで、それでもそれなりに平和と安定が保たれてきていた。米ソの勢力範囲はそれとなく定められ、大きな対立問題は「首脳会談」による賢い解決が求められる仕組みがあった。

イスラム過激派が、ハイジャックというような六〇年代七〇年代のテロ行為に出たとしても、それはあくまでも突出した出来事で、米ソの協力によって解決できるものだった。そのイスラム過激派が中東で国を奪い取ってしまう状況が生じたために、もはや米ソという二国間で解決のつかないことになったのだ。イスラム教対キリスト教という、それまでの国益を重視する国際関係にはなかった事態が出現したのだ。アヤトラ・ホメイニが率いたイラン革命がその最たるものだったが、宗教革命を周辺地域に拡大しようとするイランを抑える手立てが見つからなかったのだ。

イスラム教とキリスト教の対立という図式では、どちらも正義を主張して絶対に相手を認めない。妥協点もないために、結局は対立が激しくなるだけになる。宗教的対立は実に厄介なのだ。互いに同じ神の平和を唱えながら、正当性は我に在り、を互いに主張し合うだけだ。

一九八九年二月一四日、イランのアヤトラ・ホメイニはイギリス人の作家サルマン・ラシュディの殺害を呼びかけた。彼の作品『悪魔の詩』がイスラム教を冒瀆し、侮辱したというのがその理由だった。このホメイニの声明はイスラム法に基づく死刑宣告であるために、一度宣告されると宣告者本人以外は取り消すことができない。ホメイニは著者のラシュディだけでなく、その翻訳者および出版関係者も死刑対象としたために、その影響は大きかった。この宣告から半年後の六月三日にホメイニが心臓麻痺で急死してしまったために、宗教上はこの宣言は現在もまだ有効のままになっている。

日本でこの本を訳出したのは当時筑波大学助教授だった五十嵐一だったが、一九九一年七月一一日、彼は大学キャンパス内で殺害された。容疑者も判明せず、現在では時効も成立（犯人が国内にい続けているとの条件がつくが）してしまったため、死刑宣告との直接的な関係は不明のままだ。ラシュディ自身の安全は確保されてきたものの、この本のために犠牲になったと思われる人の数は多い。トルコなどでは集会が標的となり、一度に四〇人近い死亡者を出している。

また、二〇一一年九月中旬にはアメリカ映画『イノセンス・オブ・ムスリム』の上映を巡って、イスラム諸国で暴動が起きたりしている。

自分たちの宗教的信条を守るためであるなら、言論の自由も、思想の自由もない、ましてや他人の信仰の自由など認めることなどできないという宗教的原理主義の存在は、多様性を認め合うことでしか実現しえない国際的な関係、究極的な平和など不可能になってしまう。

もう一つの世界の流れはソ連の崩壊と、それに先立つ東欧諸国の民主化（ソ連離れ）の劇的な展開だった。

一九八八年にソ連のゴルバチョフは「ベオグラード宣言」の中で、ソ連による東欧支配の終焉を宣言した。そして、一九八九年二月一五日にソ連軍のアフガニスタン撤退が完了した。目的を達成できないまま、世界世論の厳しい批判のなかで、ソ連が軍事撤退せざるをえなくなったことが、最初の幕開けだったのかもしれない。

同年八月一八日にポーランドの労働組合組織「連帯」がついに同国での戦後初めての国民選挙に勝利し、共産党支配に終止符を打った。一九八〇年グダニスクの造船所のストライキをきっかけとしてレフ・ヴァウェンサ（ワレサ）を指導者として結成されたこの労働組合は、ポーランド政府からの様々な圧力を跳ね返して、ついにこの国を新しく生まれ変わらせたのだった。

続いて一〇月一八日、東ドイツでは共産党委員長として辣腕を奮ってきたエリッヒ・ホーネッカーが追放され、一一月一二日には戦後冷戦の象徴的存在だった「ベルリンの壁」が市民たちによって破壊され出した。同月二四日はチェコスロヴァキアの共産党指導部が全員辞職し、一二月一〇日に四一年ぶりに非共産党政権が樹立された。二五日にはルーマニアでチャウセスク政権が崩壊し共産党支配に幕が下ろされた。

一九九〇年一〇月三日、戦後分断されていた東西ドイツがついに再統一された。朝鮮の分断は続いたままだったが、ヨーロッパでの戦後はここに終結することになった。翌年六月一二日にはロシア共和国でも国民投票が行われ、ボリス・エリツィンが大統領に選出され、共産党支配からの脱却がなされた。その二週間後、クロアチアとスロベニアがユーゴスラビアからの独立を宣言し、ヨーロッパの戦後体制は着実に崩壊していった。

一九九一年八月一九日はソ連の超保守派によるクーデターが企てられたものの、エリツィンによって二日後には平定され、八月一九日にはソ連議会が共産党を非合法化するという英断に出た。民主化の波は東欧から着実に戦後支配の一方の主人公だったソ連国内に広まっていた。九月六日にはエストニア、ラトヴィア、リトアニアの三国の独立が承認され、ソビエト連邦は確実に終焉に向けて動いていたのだった。

一九九一年一二月二五日のクリスマスにゴルバチョフが辞任することで、ついにソ連は解体された。ソヴィエト連邦を構成していた一一の国々はすべて民主国家として独自の道を歩むことになった。一九九二年二月一日、ブッシュ大統領とエリツィン大統領がキャンプ・デイヴィッドで会談し、公式な形で「冷戦」の終結が宣言された。

この後、ユーゴスラヴィアで内戦が続く中、ECとアメリカによってユーゴスラヴィアの解体が承認され、ボスニアとヘルツゴビナの独立が承認された。

ソ連の解体(崩壊)と冷戦の終結は、明確にアメリカの勝利、そして共産主義に対する民主主義の勝利を意味し、その意味ではブッシュ大統領の功績は高く評価されてもよいはずだったが、実際にはアメリカやブッシュ大統領がこうした事態にどれだけの影響を与えたかは不明だ。ブッシュ在任中の戦後体制の崩壊はポーランドの「連帯」による自由化、いやもっと遡れば一九六八年のチェコスロヴァキアの「プラハの春」による共産国の国民たちの自発的な自由と権利の要求の高まりを、共産党という組織が抑えきることができなくなったことによるからだ。

人間の自由と個人の権利への欲求は固定の思想や特定の政治・社会体制で抑圧できるものではない、ということが改めて明らかになっただけのことだ。

ブッシュ大統領が本来その指導力を発揮しなければならなかったとすれば、共産党支配を終わらせた後、初めて経験することになる民主化、自由化という国家運営を積極的に支援することだった。こうした動きに、宗教勢力や元来の共産党支配に心を残す勢力の動きを牽制することであった。そして、冷戦の終わった新しい世界に、その新しい世界の理想的な姿を示すことであった。だが、彼にはできなかった。

自然災害と湾岸戦争——健康問題と公約違反の審判

一九八九年九月二一日、ハリケーン・ヒューゴが南カロライナ州を襲った。この州だけで三七億ドルの被害想定がされたのだが、これは史上最大の被害額だった。それからわずか二週間後一〇月一七日にはサンフランシスコで大地震が起きた。東ドイツでの政変があり、ベルリンの壁が破壊され出すのと時期を同じくしての国内の自然災害に、ブッシュ政権には世界をリードする余裕はなかった。

一九九二年四月二九日にはロサンゼルスで大暴動が起きた。黒人青年に暴行をふるった四人の白人警官が不起訴になったことで、ロサンゼルスとその他の都市で暴動が起きた。多数の死傷者が出て、建造物の被害も大きかった。連邦軍の出動でやっと鎮圧することができた。「人種」という不気味な社会不安の要因がまだ決して社会から消えていたわけではないことが、ここに明らかになったのだ。

さらに一九九二年八月二四日、ハリケーン・アンドリューがフロリダ州、ルイジアナ州を襲った。ハリケーン・ヒューゴを超える規模の勢力で、結局七六億ドルの支援と連邦軍による復興支援をしなければならなかった。

一九九〇年六月二六日には、ブッシュが支持していた「国旗を燃やす」ことを違法とする憲法修正案が上院で拒否された。ベトナム反戦以後の反戦運動や反政府運動で国旗に火がつけられることを嘆いていた「愛国者」ブッシュの敗北だった。

自然災害と思い通りにならない国内政治――ついに、一九九一年の五月には不整脈のために入院を余儀なくされるほど、大統領の健康は影響を受けていた。ある意味で、限界に達していたと言える。

最大の出来事は湾岸戦争だった。一九九〇年八月二日、イラク軍が突然クェートに侵入し、ここを占領してしまったのだ。世界の石油埋蔵量の二〇パーセントを持つという油田の確保が目的だった。湾岸戦争となる大事件の始まりだった。ブッシュはこれは「丸出しの侵略」であり、「決して、許されてはならない」と声明を発表すると、国連を中心に対応策を協議した。

国連が一九九一年一月一五日の期限をつけてイランの撤退を要求し、もしこれが守られない場合には武力行使もやむを得ないと結論づけることになった。このため、一九九一年一月一二日にアメリカの議会が二日間の激しい論争の結果、ブッシュの要請を受け入れ、イラクに対する武力行使を認めたのだった。これを受けたブッシュ大統領は、他国の協力の下、イラク国内およびクェート国内の空爆を開始した。

そして二月二三日、クェートに陸軍を派遣、イラク軍の排除を開始した。二月二八日にイラクが撤退を約束したことで、この時の武力行使は短期間で終了した。アメリカ軍もすぐに撤退したのだが、アメリカ国内からの強い支持がブッシュに向けられていた。国民の支持率はなんと九一パーセントを記録したのだ。

その意味では湾岸戦争は成功だったが、イラクのサダム・フセインは権力に留まった。そして、のちに噂された核開発に向かうことになった。ただ、この対イラク武力行使に関して、ブッシュ外交に評価するべき点があったとすると、国連対策と多国籍軍結成に向けての努力だろう。九ヵ国が軍隊を派遣し、日本とドイツが多額の財政支援をするという取りまとめをして、この「戦争」が決してアメリカ一国のものではなく、クェート侵攻は世界が怒っているという図式を作ることになった。

しかも、この多国籍軍の出動に関しては、ソ連も中国も共に国連安全保障会議での拒否権を行使することなく、実質的支援や援助はしなかったものの、国連としての強い意志表明を妨げることがなかった。こうした「裏状況」をしっかりと築いていたことは、ブッシュの大業績として歴史に記録しておく必要があるはずだ。


一九九二年の大統領選挙では本来なら負けるはずはなかった。だが、任期中にレーガノミックスの悪い影響のためか失業率が七パーセント越えとなってしまったこと、そして八八年の選挙戦で「増税はしない」と明言していたにもかかわらず、就任一カ月後には景気回復のための一二六〇億ドルもの増税を発表して「嘘」をついてしまったことが、国民の心に根深く残っていたことが、敗戦の大きな原因となったのだろう。「私の唇を読め。新しい税はない」という九二年の選挙でも、かつて約束を簡単に破ってしまった事実は国民が忘れることはなかったのだ。

第四章 戦後生まれの大統領たち――クリントン、ブッシュ、そしてオバマ

第三の候補ロス・ペローの参戦――現職ブッシュを破ったクリントン

一九九二年の大統領選挙。共和党はブッシュ大統領が当然のように候補指名を勝ち取った。党内からの挑戦者はいなかった。一方、民主党は候補者選びが難航した。本来、ほぼ絶対的に党の指名候補となると下馬評の高かったアル・ゴア上院議員が八九年に六歳の息子が交通事故にあい、重傷を負ったために、大統領選挙よりも家族を選んだ。選挙戦への不出馬を決めたのだ。そのために、有力候補がいなくなった。

そんな中、共和党員でありながら、ブッシュの政策（主に、北大西洋自由貿易協定の締結）に不満を抱いていた実業家ロス・ペローがあえて無所属として一九九二年二月二〇日に出演したテレビのトーク番組「ラリー・キング・ライブ」で出馬宣言をして、選挙戦に名乗りを上げた。財政均衡、銃規制反対、保護貿易推進だけを主な争点として、財力に物を言わせた選挙戦を展開した。

特に民主党に魅力ある候補者がいなかったこともあって、彼らの一部の支持を得たり、失業率の上昇と景気後退を気にする共和党員の支持を得て、一時は人気投票で一位になるなど、「ペロー現象」とさえ呼ばれるような勢いのある運動を展開していた。

アメリカの大統領選挙は二大政党に絶対有利になるように制度化されている。多数の政党から候補者が出ると、最終的に大統領選挙人の投票で過半数を得る者がいなくなる可能性が高くなる。その場合は下院で決選投票をするというのが憲法の規定だが、できるなら決選投票は避けるべきだという考えによって、民主・共和両党の候補者の争いとなるように、つまり第三政党の候補者が出て来られない仕組みになっているのだ。

その仕組みのなかで最も厳しいのが、第三政党の候補者が本選挙で全国すべての州で公式な候補者として認められるためには、本選挙前に各州で支持者たちから署名集めをしなければならないことだ。集める署名の数や集め方などは州により異なるが、細かい条件を満たしたうえで、指定されている数の署名を集めないと、その州では「大統領候補」として認定されない、つまり投票用紙に名前が掲載されないのだ。アメリカの選挙は、日本と異なり、投票用紙、現在はコンピューターの画面にすべての候補者の名前が掲載されていて、有権者はその名前に印をして投票する。日本のように、支持する候補者の名前を投票者が記入するわけでないので、投票用紙に候補者として名前が載るか、載らないかは候補者の生死に関わることなのだ。

全国的に人気のあったペローだったが、七月頃になると、すべての州で候補になることは不可能だと予測されるようになってきた。つまり、本選挙まで戦っても、意味がないわけだ。そこで、七月一六日に彼は選挙運動の継続断念を発表しなければならなくなった。

しかし、その直後に民主党が選んだ候補者が元アーカンソー州の州知事だった若い政治家、ウィリアム(ビル)・クリントンだった。複雑な家庭に育った男だったが、政治的経験も浅く、党の指名候補にはなったものの、その資質には大きな疑問符がついていた。

ペローはこの民主党の選択と、自分が認めないブッシュの二人では、どちらに転んでも悲惨な結果だと判断した。と、同時に、不可能だと思われていた全国候補になることが可能になった。そこで、実にありえないことだったが、選挙の終盤一〇月一日になって選挙戦に復帰、ジェイムズ・ストックデールを副大統領候補として最後まで戦うことになった。

このペローの復帰はブッシュ大統領に不利になったとみられる。共和党のなかの不満分子がペロー支持に回ったと考えられるからだ。一九九二年一一月三日の国民投票では、クリントンとブッシュの得票数の差は五〇〇万票ほどだった。だがペローは約二〇〇〇万票獲得していたのだ。ペローが出馬していなければ、この二〇〇〇万人がどう動いたか——ただ推測するしかないが、可能性はいろいろとあっただろう。

いずれにしろ、国民投票では四三パーセント対三八パーセントの得票数差だったものの、大統領選挙人数では三七〇対一六八と、クリントンが圧勝した形で、この年の大統領選挙は終わった。ブッシュは一期だけの大統領になってしまったのだが、ここに初めて戦後生まれ（一九四六年）の大統領が誕生したのだ。

一九六一年の就任演説の冒頭で、ジョン・F・ケネディは自ら「初めての二〇世紀生まれの大統領」と意味づけたが、それから四〇年、ついに第二次世界大戦後に生まれた、いわゆるベビーブーム世代から大統領が選出されたのだった。

「ベビーブーム世代」の大統領――クリントンとW・ブッシュ

このことは大きな意味を持っていたはずだ。全く新しい世代の登場だからだ。世代間に相違があるのかは疑問ではある。だが、アメリカ史で語り継がれてきている「一八一〇年世代」というのがある。これは一八一〇年の議会選挙で大量に当選してきた若い議員たちを総称する表現だが、独立戦争とその前後のアメリカを知らない世代だった。まだそれほど力のない、新興国家としてのアメリカは彼らが産まれる前のことだった。この世代が成長していた頃のアメリカは経済的にもかなり豊かになり、政治的にも安定していた。彼らにすればアメリカはもはや弱い国ではなかった。

イギリスが今でいう貿易障壁を設けて、アメリカを不利な状況に追い込み、自由な貿易を阻止していた。より自由な貿易によって発展することを願う若いアメリカ人たちは、一八一〇年の選挙で対英国強硬策を主張する仲間を議会に送り込んだ。この若い議員たちが一気にイギリスに宣戦布告した。一八一二年から一五年まで続いた戦争だ。

勝てるはずのない戦争を始めたため、ワシントンDCにイギリス軍が侵入し、議事堂や大統領官邸(いまのホワイトハウス)が火災にあった。完璧な負け戦ではあったが、イギリスがアメリカの求める自由・平等な貿易を認めたために、経済的な権利を獲得し、「第二の独立戦争」として歴史に残ることになった。これなど「世代」が大きな意味を持っていたことのよい例だ。

第二次大戦後の新しい世代、「ベビーブーム世代」と呼ばれる世代もかなり特殊な世代だった。終戦から一〇年間ほどはまさにベビーブームで、人口構成を狂わせるほど突出した数の子供が生まれた。彼らの成長は学校を増設しなければならないなど、社会に大きな負担と変化をもたらしたわけだが、世代内の競争は当然に激しいものがあった。自分以外の誰もが敵というような世代になった。

そんな行き場のない緊張感を強いられた世代は、それまでの「大人の世界」に挑戦した。新しいロックンロールの音楽とダンスに自分たちのエネルギーをぶつけ、ビート族と揶揄されながら親の世代に抵抗していった。髪を伸ばし、髭を伸ばし、ジーンズを着用し、Tシャツを愛用するようになった。親が始めたベトナム戦争に反対し、自由市場経済の名の下に勝者のみが優遇される社会の在り方に反発し、お仕着せの道徳観や行動規範に抵抗していった。ヒッピー族の登場もあった。学生がストライキを起こして大学の在り方に根底から疑問を投げかけたりもした。

クリントンの登場、そしてそれに続いたジョージ・W・ブッシュ(息子)の登場と一六年間、この世代の代表が大統領になった。二人が生まれ育った環境は異なった。特にブッシュは祖父の代からの政治家の家庭で、父親は大統領にまでなっていた超名門家族の出だった。クリントンは彼が産まれる前に父親が交通事故で死亡し、母親が再婚した相手、つまり義父の苗字を継ぐことになった。母親の再婚は彼がまだ三歳のときだった。

実父は離婚癖のある男で、クリントンの母親と結婚したのが五回目、しかも四人目の妻とはまだ離婚する前だった(重婚の疑いがあった)。母親が再婚した相手も離婚経験のある男で、離婚原因は妻に対する暴力だった。アル中が原因の暴力だった。クリントンと母親にも当然のように暴力をふるった。クリントンはこの義理の父親に殺されかけたこともあったという。結婚一二年目の一九六二年、二人は離婚している。それでも、わずか五カ月後に二人は改めて結婚し、この二度目の結婚は義父が亡くなるまで五年間続いた。その後母親は二度の結婚を経験している。かなり複雑な家庭だったが、実父も義父も義務教育以上の教育は受けていなかった。

クリントンとブッシュの育った家庭環境は余りにも違った。だが、クリントンが一九四六年四月一九日生まれ、ブッシュも一九四六年生まれで誕生日は七月六日。三カ月も差がない。単に戦後生まれの同じ世代という以上に、二人は同じ時代を生きてきた。

エルヴィス・プレスリーのロックンロール、ジェイムズ・ディーンの衝撃的な銀幕デビューとその突然の事故死、高校生になるときのケネディの登場、黒人の公民権運動、そしてベトナム反戦運動に反戦がテーマのフォークソングの全盛時代——マリファナとヒッピー文化などの「対抗文化」（カウンター・カルチャー）。

徴兵制度が適用されることになり、しかも大学生の兵役猶予制度が廃止されるなか、二人とも、厳密に言えば違法と解釈されかねない形で州兵に志願——クリントンはアーカンソー州、ブッシュはテキサス州に——した。

そして州知事を経験して大統領という経歴も似ている。その大統領になる選挙も、クリントンは前述のようにペローという第三政党の候補者の恩恵を間接的に受けていた勝利であったのだから、彼がいなければ負けていたかもしれない状況での勝利だった。ブッシュも一般投票の得票数では相手の民主党候補アル・ゴアに負けていた薄氷を踏むような勝利だった。

頑固者ながら強《したた》かなクリントン——多数派議会との対決と取り込み

クリントンは一九九二年の大統領選挙で父ブッシュの経済政策を徹底的に批判した。そのため、就任直後から経済政策を最優先し、財政均衡と失業対策に積極的に乗り出した。ただ、彼は結果的に第二次大戦後のアメリカ経済としては二番目の長さとなる好景気をもたらし、「インフレなき経済成長」を実現し、そして財政赤字削減を目標として、ついに二〇〇〇年には二三〇〇億ドルの黒字を記録するまでの効果を上げた。

クリントン自身が現在もなお自慢する業績ではある。だが、これが本当に彼の政策の効果だったのかには多少の疑問が残る。彼はそれまでの重工業重視、化学工業重視という路線から金融とIT産業に視点を移した大胆な政策転換をした。しかし、IT産業重視は副大統領アル・ゴアが積極的に打ち出していた「情報スーパーハイウェイ構想」に相乗りしただけとも考えられる。ゴアが強調した「IT化による生産性の向上」が在任中の経済回復の原点にあったのは否めない事実だ。

また、金融を重視し、かなり強引なかたちでの「強いドル」政策の展開によって海外からの投資を呼び込んだ結果が、経済の回復につながった。ただし、これにはレーガンと父ブッシュによる軍事的に「強いアメリカ」のイメージを定着させた過去があることは無視できない。つまり、アメリカは当時、世界で「最も安全な投資先」だったのだ。

一九九四年の中間選挙で共和党が大躍進を遂げた。下院で二三〇議席を獲得し、上院で五二議席を占めることになった。これは八九年ごろから共和党の下院議員ニュート・ギングリッチが、二期目後半のレーガンからブッシュへと盛り上がりを欠く状況を改善しようと、仲間の議員たちに呼びかけ、共和党政治家として一致団結するための政策提言を模索していたことの結果だった。

ギングリッチは一九九三年九月に『アメリカとの契約』という著作を発表した。「個人の自由」を重視し、その上で「個人の責任」による人生設計を訴え、経済的機会の均等と自由主義経済を背景とする「小さな政府」の実現、そして「国内の安全保障」として国内の治安を高いレベルで維持することなど一〇項目を共和党議員たち共通の政策目標として、分かりやすく国民に提示した。この契約に九四年の選挙時には四〇〇人近い共和党候補者が同意していたと言われている。

このギングリッチの指導の下での共和党からの大反撃の結果、上下両院で共和党は多数を占めることになったのだ。九五年一月からの新しい議会では、下院議長にギングリッチが選出された。そして、その新議長の下で、『アメリカとの契約』で掲げられた目標が達成され出したのだ。

その中で特に問題となったのはギングリッチの言う「小さな政府」の主眼だった財政均衡（赤字削減）と福祉政策の再検討だった。新しい会期の始まりと共に、契約の内容を実現していこうと活発に法案を提出した。この共和党の勢いは何かを変えるかもしれないという国民の期待感を高めたのだった。

議会にとって最も重要な仕事は予算を決めることだ。アメリカの場合、一〇月一日が年度変わりとなるので。最悪でも九月末日までにはこれを成立させなければならない。法案が上下両院を通過してから大統領が署名しなければならないので、この分の時間的余裕も必要だった。ギングリッチのいう「均衡予算（財政赤字削減）」とクリントンが考える「均衡予算」には当然のように隔たりがあった。前者が福祉予算を大幅に切り下げることを均衡予算達成のための絶対条件と考えていたのに対して、クリントンは出来るかぎり福祉予算の削減は避け、むしろ国防予算を削ることを意図していた。また前者は二〇〇二年までに目標達成としていたのに対して、後者は二〇〇五年までと、もう少し時間をかけての赤字削減を考えていた。

これが最悪の事態を迎えてしまった。ギングリッチは一九四三年生まれだから、正確には戦後ベビーブームの世代ではない。まさに戦中世代だが、「第二次世界大戦」を共通体験としていないという意味では二人は同じ世代に属している。世代的に、激しい競争を勝ち抜かなければならない宿命を持ったライバル同士だった。よく言えば芯が強い、悪く言えば頑固、頑迷だ。頑固者同士が対決した。

結果、新年度予算は成立しなかった。暫定予算もクリントンが拒否権を行使したため、結局「政府機関の機能停止(閉鎖)」という前代未聞の状況に陥ってしまったのだ。さすがにすべての機能を停止することもできず、国民生活に直結しない分野の停止に留まったが、これまでのアメリカでは考えられない事態だった。

それでも最悪の事態を回避しようとした大統領と議会は、前年度予算を暫定的に継続させていくことで合意したのだが、一一月一日に大統領と政権の代表、ギングリッチと議会指導者たちが話し合ったものの、結局はもの別れに終わった。その後、議会は暫定予算を新たに可決したのだが、クリントンがこれを認めずに拒否権を行使したために、ついに一一月一四日から政府の機能を維持するための財源がなくなるという状況に陥り、再びその機能は停止された。

同時にこの時問題だったのは合衆国の債務の返済だった。返済の財源がなくなる、つまり債務不履行になる。これは政府機能停止よりもさらに大きな問題だった。国際的な金融不安を引き起こしかねないからだ。財務省はとりあえず債務の限界を引き上げることで対処したかったのだが、議会がこれを認めたものの、クリントンが高齢者医療費補助の件などで拒否権を行使したために、債務不履行が現実問題化した。

財務長官のロバート・ルービンの発案で、当面は国庫にある現金を債務返済に充てる、州や地方自治体向けの有価証券の発行を取り止め、そして年金会計からの流用という大胆な方策で、新たな借り入れをすることなく事態を乗り越えようと必死だった。

機能停止は一応暫定的な妥協として継続予算を実施することで一一月一九日に終結した。この史上初めての出来事に、根本問題である予算成立に向けて改めて、大統領と議会は会合した。だが、結果は同じだった。互いに相手を非難し、責任をなすり合った。クリントンは共和党の提案を拒否し、議会側はクリントンの提案を無視した。そのため政府は再び一二月一六日に機能停止になった。この時の機能停止はクリスマス休暇があったために、一月二日まで続くことになった。最終的には三月二八日までは前年度予算の継続で運営されることになった。

結果的にはクリントンが赤字削減に関して共和党側に譲歩し、共和党側が福祉や教育で大統領に譲歩したために何とか予算を組むことができ、およそ半年続いた大きな危機は幕を閉じることになった。

ギングリッチら共和党側にすると九四年の中間選挙での「小さな政府」への国民的支持があるという過剰なまでの自信があった。クリントンにすれば、民主党大統領としてフランクリン・ローズヴェルト以来続いて来た民主党の福祉重視政策は譲れないという意地があった。そのぶつかり合いの結果だったが、二度目の政府機能停止が終わったあとの一般教書演説でクリントンは「大きな政府の時代は終わった」と宣言した。共和党が言う「小さな政府」への敗北宣言だった。レトリックでは自分が政権の目標とした均衡財政の再確認にすぎないと主張していたが、拒否権行使が政府機能の停止につながったとする一部の国民たちからの批判を避けるため、そして、おそらくはそれ以上に、共和党側の抵抗能力を奪い取るために、あえて「小さな政府」を政権の要にすることにしたのだろう。クリントンの強かさだった。

この強かさは、たとえば一九九六年八月に彼が署名した「九六年福祉改革法」にも見られる。この改革法はギングリッチの「アメリカとの契約」を実現したものだ。それは低所得の母子家庭に毎月与えられていた給付金を取り止め、一時的な補助金に替え、さらに母親を強制的に仕事につかせるよう圧力をかける条項と、低賃金の労働に従事する貧困層への補助金を大幅に削減する条項とが含まれていた。福祉の受給者を強制的に労働に就かせ、それによって社会福祉費を削減しようというギングリッチのかなり冷酷な政策をクリントンは簡単に認めたのだ。このように自らの立場を一八〇度変換させて、最終的に均衡財政を達成したと大統領職を退いて一〇年以上になる現在もなお得意気に語っているのが、クリントンという男だ。

一九九六年の大統領選挙は共和党がギングリッチらの保守派の勢いを抑え、より広い支持を得られる候補ということで上院院内総務だったロバート・ドールを候補者にした。ドールはブッシュ政権で住宅都市開発長官を務めた元下院議員のジャック・ケンプと組んで現職のクリントンに挑戦した。二人とも戦前生まれ(ドール：二三年、ケンプ：三五年)で、共和党員としては穏健派だった。二人は貧困対策や少数派対策など福祉を重視する政治家だった。

ギングリッチらとの戦いの結果として保守化していたクリントンが、結局は全体として保守化していた国民の支持を集めることになり、戦う前から勝敗は明らかだった。ドールもケンプも積極的に相手を批判して、相手の欠点を追及するというタイプでなかったために、討論会でも迫力に欠け、国民の注目を集めることはできなかった。

二期目の勝利とスキャンダル——史上二人目の弾劾審議

実は前回のペローの出現や、二年後の中間選挙でのギングリッチの『アメリカとの契約』の勝利などの陰に、レーガン政権の誕生と前後して盛んになってきたキリスト教原理主義の動きがあった。ベトナム戦争の泥沼化、ウォーターゲート事件、そしてフォードとカーターと続いた余りにも指導力のない政府に、国民は完全に政治離れを起こしていた。政府に対する信頼は薄れ、国家に対する憧れも期待もなくなっていた。それが自分個人さえよければ、という「自分中心主義」的な考え方を生んでいた。アメリカ国民は「自分勝手」になっていた。

だが、人間は「自分」だけで生きていけるものではない。何かに頼り、何かの指示、あるいは何らかの指針を求めるものだ。自分が正しい、という確信を何かに求めたくなる。そんな国民たちが次第に頼っていったのが宗教だった。自分の本来所属する教会を持つ、つまり所属する宗派のある彼らにすれば、最終的に頼るべきは本来の教会であり、宗派であるはずだった。しかし、政治不信が「既存勢力」への不信感を意味するものであるとするなら、それは当然のように政党や組合や学校や、ついには家庭や教会という既存組織への不信感に連なっていったのだった。

従って、彼らが最後に頼るものとしての宗教はまさに神そのものであった。宗派や教会などには関係のない、全知全能の創造主だった。七〇年代の後半からたとえばジェリー・ファルウェルなどという牧師がキリスト教の原理に戻る訴えを「モラル・マジョリティ」(道徳的多数派)という名前の運動を通して、広く国民に訴えていた。人間としての本当の生き方は聖書にある、という極単純な主張だったが、彼がテレビを通じてこのメッセージを伝えると「宗教回帰」と呼ばれる現象が起きた。テレヴァンジェリスト(テレビ伝道者)と呼ばれる宗教家たちが、多くのテレビ番組を使ってファルウェルと同じような聖書重視の説教を始めていた。

国民たちはこのテレビでの説教に飛びついていった。と同時に、政治や社会の判断基準にキリスト教が前面に出てくるようになった。人工中絶への反対、同性愛者の権利拡大への反対、男女雇用平等への反対など国民は次第に保守的な方向に傾いていた。

それをさらに強烈な政治運動と結び付けていったのがラルフ・リードという若者が始めた「クリスチャン・コアリション」(キリスト教連合)だった。テレビ伝道者の一人、パット・ロバートソンなどの協力を得たこの運動は、たとえば一九九〇年には全国で一一二五支部五万七〇〇〇人ほどの会員数でしかなかったが、一九九六年には一七〇〇支部一七〇万人の会員数を誇るようになっていた。各地の支部は巨大な「メガ・チャーチ」という集会所が作られ、礼拝という名の集会には数万単位の人々が集まるようになっていた。

そんな保守傾向を持つ時期の選挙で『アメリカとの契約』を取り込んでしまったクリントンと穏健派を代表するドールではクリントンが、たとえその頑迷さのゆえに政府機能停止という事態を生んだとしても、圧倒的に有利な立場を維持した。政府機能停止は共和党議会の責任とされ、上院でその一端を担った立場だったドールは、余計に不利な立場に立たされることになっていたのだ。

だが、国民たちがドールを選んでおけばよかったと思った事態が生じた。クリントンの一大スキャンダルだった。モニカ・ルインスキー嬢との出来事だ。

実は、彼ほど多くのスキャンダルが取り沙汰された大統領はいない。まだ大統領選挙に立候補したばかりのときから、次々と女性問題が暴露された。本来なら到底、選挙は続けられなかっただろうし、まして選挙に勝利して大統領なるはずもなかったほどだった。それなのになぜ彼が大統領になれたのか、はいまだに残る疑問である。この問題は改めて触れることにするが、とりあえずクリントンの政治生命を最も脅かしたのが、このモニカ・ルインスキーの件だった。

一九九八年一月二一日に彼女の名前が初めて報道された。このとき彼女は二四歳、ホワイトハウス関係者の紹介でレブロンへの就職が決まった直後だった。彼女はオレゴン州のルイス・アンド・クラーク大学を卒業後に、研修生としてホワイトハウスで働く(原則無給)ことになった。一九九五年七月、まだクリントンの一期目だった。ところが、その年の一一月一五日から翌年二月七日の「最後の電話」までのほぼ三カ月間、二人は「特別な関係」にあった。

あくまでも二人の関係は極秘だった。モニカ・ルインスキーはこの研修経験を活用して連邦政府の職員となった多くの先輩たちと同じように、研修期間終了後の九六年四月に国防総省で働き出した。「最後の電話」の後も二人の特別な関係が続いていたのかどうかははっきりしないが、ただ一九九七年三月二九日に二人が直接接触していることは判明している。さらに、この年の一二月二八日、彼女はクリントンから直接クリスマス・プレゼントを手渡されている。

国防総省転属後の接触はルインスキーにとっては楽しいものではなかったはずだ。というのは、一九九四年五月七日にアーカンソー州知事時代のクリントンからセクハラを受けたとして、ポーラ・ジョーンズという女性が告訴状を提出していたのだ。このジョーンズ側からルインスキーに接触があったのが、前述の三月二九日の直前だった。クリントンはセクハラを行いそうな男であるという証言を依頼されたのだ。このことを知ったクリントンが彼女にジョーンズ側への協力を拒むよう求めたのがこの日だった。ところが、結局、彼女はジョーンズ裁判の原告側証人になることを決めた。一二月五日に彼女の名前が証人リストに掲載された。これに気分を害したクリントンがクリスマス・プレゼントを渡して、彼に不利な証言をしないよう要請した。この時点で証人に接触し、偽証を要請したのだから、明らかに偽証強要罪に相当する犯罪だった。弁護士資格を持つ彼が理解していないわけはなかった。

一九九八年一月七日にルインスキーは宣誓供述書に署名したのだが、この時はクリントンとの間に「特別な関係」があることは否定した。ここで自分が偽証してしまった事実、そしてそのことを大統領が強く要請してきた事実に悩んだ彼女は、友人のリンダ・トリップに電話で相談した。一月一二日のことだった。この時トリップはこの電話の内容を録音していた。彼女自身が将来偽証しなければならなくなることを恐れたために、その録音テープをクリントンの他の疑惑を含めて調査していたスター特別検察官に提出したのだった。

このあたりからルインスキーの存在が脚光を浴び出した。一月一七日、クリントンはジョーンズの裁判に出頭し、宣誓証言をしたが、このときルインスキーとの関係を明確に否定した。

一月二一日、マスコミが一斉にルインスキーを大々的に取り上げ、クリントンとの「特別な関係」を暴露した。大統領執務室（オーヴァル・オフィス）で、執務時間中に「不純異性行為」に及んだこと――時には「オーラル・セックス」までしたこと――また時には、執務室に付随する小部屋で性的な関係に及んでいたこと、などが矢継ぎ早に報道された。

クリントンは大統領として、そして人間として道徳的に問題がある。執務室で執務時間中に、妻帯者として許されない行為に及んだことは、政治家である前に人間として失格である――裁判所でルインスキーとの関係を偽証した――彼女に偽証を強要していたことなど大統領でなくても許されるべきことではない、と厳しい論調が続いた。七月にはクリントンに大陪審への召喚状が出された。大統領は行政特権があり、召喚に応じる必要はないという主張もあったが、最高裁はこれを却下し、本件での大統領の行政特権は認められないことになった。

ひとりの女性との不純な関係が政権を揺るがすことになった。同時に、この頃には大統領弾劾の声が議会内でも大きくなっていた。

モニカ・ルインスキーがクリントンの体液がついた「青いドレス」を保持していることが明らかになった。彼女がのちに出版した自分史（*Monica's Story*）によると、肉体だけの関係か、という彼女の質問に、クリントンは「そんなふうに感じて欲しくない。そんなことじゃない」と答えたという。このひと言で彼女は愛されていることを感じた。報道されていたように、クリントンがヒラリーとの離婚を語り、彼女と結婚することを示唆した明確な証拠はないが、三〇歳以上も年齢が離れた男性、しかも憧れの大統領、そして毎日のように電話で話をし、執務室で抱き合っていた相手から、肉体だけではないと言われて、期待するなという方が酷だろう。

クリントンの体液で汚れた衣服があると判明した段階で、クリントンは血液サンプルを提出しなければならなくなった。一九九八年八月三日だ。その三日後には、ルインスキーが大陪審に呼ばれ、同時に衣服の体液がクリントンのものであることが証明された。

ここで不倫関係、不純性行為を否定できないと判断したクリントンは、大陪審での証言後、八月一七日にテレビで全国に向けて釈明を行った。ここでモニカ・ルインスキーとの関係は「不適切な性的接触（inappropriate sexual contact）」であったことは認めたものの、「性的関係」があったことは否定した。演説のなかで、わざわざ「性的関係」についての定義をしたうえで、「……自分に対してなされたオーラル・セックスが（この）定義にあてはまらないことぐらい」は「多少の理性を持つ人なら誰でも分かる」はずだと完璧な詭弁で大見栄をきった。

彼が述べた定義のなかに、二人が持った行為のすべてが含まれるはずなのに、クリントンは最後まで聞き手を煙に巻くような言論で保身を図った。

ルインスキーは事件直後の本の中でも、そして長年の沈黙を破って二〇一四年に『*Vanity Fair*』誌（六月号）で発表した手記の中でも、このとき彼女はひどく傷つき、裏切られ、そして辱しめられたと記している。特に、テレビ演説の後、ＮＯＷ（全米女性機構）をはじめとする女性団体が一斉にクリントン支持に回ったこと、またスター特別検察官の調査と発表が二人の関係の詳細に及び過ぎ、「聞くに耐えないことば」が頻出するという批判が出始め、そしてこの件に関する報道に嫌気を感じる国民が増えてきたことなどには、相当にショックだったようだ。

女性の権利を守るための組織であるはずのNOWなどの言い分は、セクハラとは異なり、ルインスキーの場合は「合意の上の浮気」にすぎず犯罪行為ではない、だったが、偽証や偽証強要が犯罪であることは間違いないし、妻子ある男性が若い女性におそらくは「結婚」を暗示しながら、彼の言うように肉体関係ではないにしても、それなりの性的行為を要求したこと、そしてそのことに関して黙秘を強要したことは、女性に対する侮辱行為、女性の権利と人生に損害を与える行為であることは明白だったはずだ。ハンサムで魅力的な大統領だから彼を守った、とルインスキーが指摘するようなことが事実だとすれば、女性の権利を主張する団体とそのメンバーの女性たちとは一体何だったのかと問いたくなるのは筆者だけではないだろう。

いずれにしろ、一一月九日に下院司法委員会は、クリントンの弾劾を議題として審議を開始した。そして一一日と一二日に偽証および偽証の強要、そして司法妨害など四項目に関して弾劾に相当すると結論し、一二月一七日に本会議を開くとした。

弾劾は下院が単純多数で可決したあと、上院が「弾劾裁判所」として審議を続け、三分の二以上の議員の賛成で確定・成立する。そうなると大統領は解任されることになる。これまで、歴史的にはリンカンの暗殺により大統領に昇格したアンドリュー・ジョンソンが下院で弾劾されたが、僅少差で上院の確定を逃れたことがあっただけで、史上二度目の本会議での審議となった。ニクソンのとき、下院の司法委員会が弾劾決議を採択した直後に、彼が辞任してしまったので、議会が正式に弾劾審議に至ったのはクリントンで二人目ということになる。

本会議は、突然クリントンが命じたイラクの空爆のために延期された。全く意味もない、しかも不徹底な軍事行動だったために、弾劾審議逃れを目的とした卑劣な決断だったとの非難が出た空爆だった。

結局、延期されたものの、弾劾審議の本会議は一二月一九日に始まった。この日、ルインスキーに関する偽証(二二八対二〇六)、司法妨害(二二一対二一二)の二項目で弾劾が採決された。ポーラ・ジョーンズ事件での偽証と権力乱用に関しては否決された。

これによってクリントンは史上二人目の弾劾された大統領となったわけで、その下院の判断の正否を決める上院(弾劾裁判所)の審議を待つだけとなった。

ただ、一二月二三日の『ニューヨーク・タイムズ』紙の記事によると、弾劾成立を当然とする国民は共和党支持者の五二パーセントにすぎず、民主党支持者と支持政党なし層を含めると全体の六六パーセントが弾劾には反対していたという。特に興味深いのは男性の五二パーセントが賛成、女性の五四パーセントが反対と女性がクリントン擁護に回り、既婚者の六八パーセントが賛成、未婚者の四五パーセントが反対(賛成は三二パーセント)という点だろう。

大統領が自ら認める「不適切な性的接触」が執務室内であった。これは憲法に規定されている弾劾要因の「不良行為」に当てはまるはずなのに、上院はついに下院の弾劾決議を不当なものとして却下した。クリントンの弾劾騒動は「大統領には、ふさわしくない行為があった。だが、弾劾に相当するものではない」という奇妙な論理によって終わることになった。

これらの裏に、一九九九年一月二七日にテレビの『Today』という朝の番組に出演したクリントン夫人ヒラリーがスター特別検察官を「政治的な理由で動いた検察官」と糾弾し、「悪意のある」人々による「とてつもない右翼の陰謀」だったのだとの発言に賛同する人々が多数いたということなのだろう。彼女が最後まで夫を守ったことは美談だったかもしれないが、クリントンが己の愚かな行動を通して、大統領という地位と職務、そして名誉とを傷つけたことは間違いないし、それによってニクソン同様に、国民の政治不信を招いたことも確かだっただろう。

クリントンは何事もなかったかのように二期八年の任期を終えた。経済的繁栄をもたらし、赤字予算を解消した「偉大なる大統領」として得意満面にホワイトハウスを去った。そして、その後もそのタイトルをかざして活動を続けている。後述するが、オバマ大統領を「愚か者」と呼び、ヒラリー夫人を二〇一六年の選挙で大統領にすると主張して、活発な活動をしている。実に奇妙な男だ。

ホワイトハウスで働けるだけで興奮状態にあるひとりの若い女性に人間として恥ずかしい行為を強要した「人格欠陥者」が、ハンサムという評価だけでその後も人気を保っている(特に女性の間で)という事実は現代アメリカの最大の謎だろう。まさに、厚顔無恥な男だ。

ポーラ・ジョーンズの件では、裁判の途中で和解が成立し、起訴が取り下げられた。だから、クリントンはこの件でも許されてしまっているのだが、クリントンがセクハラの訴えで和解に応じたということは、明らかに権力に物を言わせたセクハラ行為があったと彼自身が認めたことを意味しているはずだ。この意味でも、女性団体は彼を糾弾しなければならなかったはずだ。

クリントンのスキャンダルは、高校生時代からの女性問題を入れると数知れず存在する。だが、大統領時代には「ホワイトウォーター疑惑」「トラベルゲート疑惑」「ファイルゲート疑惑」と三つものスキャンダル、それも権力乱用で弾劾対象にもなり得るような疑惑が浮上していた。

ホワイトウォーター疑惑はアーカンソー州知事時代に古くからの友人であるジェイムズ・マクドウガルが経営していた「貯蓄貸付組合（S&L）」に便宜を図り、その見返りに政治資金の提供を不正に受けていたのではないかというものだ。一九九二年三月に浮上した。この貸付組合が不正融資した先がクリントン夫妻とマクドウガルとが共同経営していた不動産開発会社「ホワイトウォーター」だった疑いが濃くなった。九四年一月六日だったが、マスメディアは一斉に「ホワイトウォーター疑惑」として報道した。この時に疑惑解明のために任命された特別検察官に代わって八月に職務についたのが、のちにルインスキー事件で一躍時の人となるスター独立検察官だった。

この疑惑に最も深く関わった人物として浮上していたのが、政権発足時に大統領次席法律顧問をしていたヴィンセント・フォースターだった。彼は九三年七月にピストルを口にくわえて自殺した。自ら保管していた疑惑に関する書類を司法省に提出すると約束していたのだが、自殺後彼の自宅および事務所に書類は発見されなかった。九四年一月には、彼は過去に同じ弁護士事務所にいたヒラリーと不倫関係にあったのではという噂まで囁かれた。三月には大統領法律顧問のバーナード・ナスバウムがこの書類を密かに持ち出していたと判明した。ナスバウムはニクソン追及の下院特別委員会にヒラリーを呼び寄せた人物だったが、この報道が出た直後に、法律顧問を辞任した。

結果的には「証拠不十分」で終わってしまったが、三月八日付けの『ワシントン・タイムズ』紙は、ヒラリーがホワイトウォーター関連の書類をすべて破棄する指示を出していたと報じていた。「証拠」が見つからなかった理由だった可能性は高い。

トラベルゲート事件は九三年五月のことだ。ホワイトハウスの「旅行担当部局」の職員七人全員を即日解雇した出来事だ。「杜撰な経理」がその理由だったが、後任の局長にキャサリン・コーネリアスを任命し、業務自体をアーカンソー州リトルロック市の旅行会社「ワールドワイド」社に代行させることにしたのだ。コーネリアスがクリントンの血縁であったこと、そしてリトルロック市は彼の出身地であったことなどから「公私混同」の「縁故採用」として厳しい批判に晒された。

結果は解雇処分を取り消し、旅行代理店を変えることで決着してしまったが、クリントンの権力乱用のひとつの例として記憶されるべき出来事だった。

ファイルゲートとは、クリントンが九三年九月から一二月にかけて、共和党の要人たちに関するの情報を、FBIから不正に取り寄せていた問題だった。ニクソン政権での「エネミーリスト（政敵名簿）」ではないが、強力な政敵と推定する人たちの秘密情報を入手して、選挙戦で有利に使おうとしたのか、あるいは国税局を使って納税申告に関する疑問点を暴こうとしたのか、その真意は不明だが、この情報収集にあたったのがヒラリー夫人だという噂は残ったままだ。

これらのスキャンダルはいずれも明確な証拠が不足していたために、それ以上の大問題に発展することはなかったが、権力を手に入れたクリントン夫妻の人格や性格を忖度させるには十分すぎるものだった。地位と権力があれば、何をしてもよい、と考える政治家がクリントン大統領とその夫人だったのだ。

女性問題もジョーンズやルインスキーに限らなかった。まだ大統領選挙戦の始まる前の一九九二年一月二七日に『スター』紙がクリントン候補には重大な女性問題があると報じた。その翌日、ジェニファー・フラワーズという女性がクリントンとの間に一二年間続いていた「不倫関係」を公表したのだ。二月三日には彼女はクリントンとの会話の録音テープを公にした。

一九九四年の一月二四日には一九八三年に元ミス・アーカンソーのサリー・ミラー・パデュと愛人関係にあり、関係者に「口止め」していたことが報じられた。

過去の話だし、夫人が納得している問題に何故大騒ぎするのか、という声もあり、結局は名乗り出たフラワーズたちが「異常なだけだ」で済んでしまったのだが、たとえばクリントンの弾劾審議を前にした一九九八年一二月一八日には当時下院議長だったボブ・リヴィングストンが、その前日にインターネットで暴露された昔の不倫を認めて、翌日辞職している。

不倫はそれなりの道義が重視される政治の世界では、進退に影響を与える大問題なのだ。リヴィングストンは自らの辞任を発表した下院の本会議場でわざわざクリントンに呼びかけ、政治の安定のためにも弾劾審議の前に辞任してほしいと要請した。だが、馬の耳に念仏だった。

とにかく、この戦後生まれの最初の大統領は、本質的にこの地位にふさわしくない男だった。

二〇一四年に出版された*Blood Feud*(未訳『血の反目』)の著者エドワード・クラインによると、大統領退任後、ヒラリー夫人は公式行事以外で夫と時間を共有することはなく、彼が女性と遊ぼうが、浮気をしようが、自分とは一切関係ないとしているという。二人の間のコミュニケーションを取っているのは一人娘のチェルシーだという。

ニクソンのウォーターゲートの事件とクリントンの疑惑とスキャンダルが比較されることも多い。二人とも議会での弾劾手続きがなされた。ニクソンは早期に辞任し、クリントンは弾劾された。だが、なぜかニクソンの方が悪者としてのイメージが強く、クリントンは前述のように公演活動や選挙運動の支援に飛び回っている。しかし、ニクソンのウォーターゲート事件は純粋に政治的な事件だった。発覚後の証拠隠滅にしても、秘密保持の強要にしても、あくまでも政治という世界の出来事だった。クリントンの場合はホワイトウォーターのような権力がらみの事件も含めて、彼自身の人格の問題、人間性の問題、つまるところ道徳の問題だった。

あくまでも、同じように弾劾の対象となったわけだが、クリントンの犯した罪、あるいは証拠不十分（隠滅の可能性が高いが）のため犯罪として扱われずに疑惑として残った行為の方が、大統領の資質そのものに深く関わっている点で、罪は格段に重いと思われる。

クリントンの犠牲者アル・ゴア――「父子大統領」のブッシュ誕生

そんなクリントンの犠牲になったのが彼の副大統領で二〇〇〇年の大統領選挙の民主党候補となったアル・ゴアだった。その著書『地球の掟』を待つまでもなく、彼は環境問題に関心の深い、父親の代からの上院議員だった。副大統領としてはおそらく史上もっとも功績をあげたと評価されるほど、政策立案の能力もあった。連邦政府の浪費や政府内部の不正などの現状を洗い出し、官僚機構の規模の縮小や規制の撤廃による経済の活性化を提言し、クリントン政権の重要な政策を推進した。

北大西洋自由貿易協定（ＮＡＦＴＡ）がブッシュ政権により調印されたものの、議会の抵抗で批准されないままでいたなか、一九九三年にロス・ペローとのテレビ討論で、この協定の必要性について訴えた。これが国民の指示を得て、最終的に下院を二三四対二〇〇で通過する原動力になったと言われている。

ワシントンの経験がなく議会対策もままならないクリントンのために、下院・上院と自らが培ってきた人脈を使って政権を支えたのだった。

クリントン弾劾騒動では、立場上大統領を支持し続けなければならなかった。弾劾に賛成すれば、あるいは辞任を勧めれば、自分が大統領になりたいだけの野心家ということになってしまう。

そのため、二〇〇〇年に民主党の大統領候補になって選挙戦を戦う段階で、「クリントン」が最大の障害になった。彼のスキャンダルまみれの政権にいたというマイナスのイメージが、ゴアを積極的に、公正に評価しようとする動きを封じてしまっていた。

ゴア+リーバーマンの正副大統領が得た一般投票は全投票数の四八・三八パーセント、ブッシュ+チェイニーの共和党候補が得たのは四七・八七パーセント。総数の差は約五四万票ではあったが、国民一般はゴアを選んでいたのだ。だが、大統領選挙人はブッシュの側が二七一票で過半数(二七〇)を確保し、ゴアの二六六票を抑えた。結果、ブッシュが第四三代大統領となった。アメリカ史上二組目の「父子大統領」の誕生だった。

投票機械あるいは読み込みコンピューターなどの不備のために、集計結果が二転三転したフロリダ州をゴアが抑えていれば、このたったひとつの州の結果で、ゴアが当選していたほどの接戦だった。それだけに、ゴアがクリントンの影響を受けなかったら、あるいはクリントンがスキャンダルのない普通の大統領だったら、おそらく確実にゴアが勝利していただろう。ゴアが気の毒でさえある。ただ、地球温暖化の問題点を広く伝え、気候変動の防止への関心を高めた功績で、二〇〇七年にノーベル平和賞を受賞したのだが、人生の予測できない面白さなのかもしれない。

そんな大接戦を制して大統領になったのが息子ブッシュだった。支持しない国民のほうが多いという辛い船出だった。それだけに、国民の信頼と期待を得るために何かをしなければならない、という気持ちは相当に強かったのだろう。

就任してすぐに取りかかったのが、クリントン政権の残した五兆六〇〇〇万ドルの黒字の処理だった。老齢年金をはじめとする福祉対策に充てるべきだという民主党の主張を退けて、ブッシュは大幅な減税を打ち出し、二〇〇一年二月八日に法案を提出した。これは二三〇対一九八の圧倒的大差で下院を通過した。上院では多少の修正がなされたものの大筋では合意された。減税額は一兆三五〇〇億ドルだった。このブッシュ大減税は六月七日に大統領が署名して成立した。

この減税措置は最高税率を三九・六パーセントから三三パーセントに下げただけでなく、扶養控除を二倍にし、さらに夫婦二人の収入がある世帯への控除を大幅に認め、納税者にひとり三〇〇ドルの現金払い戻しを伴うものだった。

レーガン減税と呼ばれた減税以上の減税だった。これで財政黒字が維持できるのか、という問題はあったが、父親が余り評判のよくない形で退かなければならなかっただけに、その埋め合わせをするかのような大判振る舞いだった。しかも、国民には何かをする大統領としての期待感を植え付けることにもなった。ブッシュとしては幸先の良いスタートだった。

もちろん、三月一四日には京都議定書からの撤退を宣言したり、クリントンが必要以上に重視した中国との友好関係を見直したりもした。その中で中国南部の沿岸をスパイ飛行していた海軍機が中国の戦闘機と衝突するという事態が起きた。さらに台湾への武器援助を増大させ、どのような状況でも台湾は絶対に守ると主張して、中国との関係を悪化させたりした。その意味では、かなり強引に共和党色、ブッシュ色を出そうという努力もした。

九・一一同時多発テロと対テロ戦争——そしてイラク戦争

そこに二〇〇一年九月一一日のあの出来事、同時多発テロが起きた。三つの空港をほぼ同時刻に飛び立った四機の旅客機がハイジャックされたのだ。午前八時四六分にニューヨーク市の世界貿易センターの「ツインタワー」と呼ばれていた二つの超高層ビル(一一〇階建)の北棟にアメリカン航空一一便が突入して爆発炎上した。そして午前九時三分には南棟にユナイテッド航空一七五便が突入して爆発炎上した。この衝突の衝撃と炎上した炎の熱でビルの鉄骨が耐久力を失い、ふたつの超高層ビルは南棟から先に完全に崩壊した。

この二機はボストンのローガン国際空港を離陸したのだが、ワシントンDCのダレス国際空港を飛び立ったロサンゼルス行のアメリカン航空七七便は離陸して三〇分ほどでハイジャックされ、逆戻りする形で午前九時三八分、離陸した空港の近くにある国防総省(ペンタゴン)の建物に激突して、炎上した。さらにニュージャージー州のニューアーク空港を離陸したユナイテッド航空九三便がサンフランシスコに向かう途中でハイジャックされた。だが、乗客たちの協力でそれ以後の飛行が阻止され、午前一〇時三分にペンシルバニア州シャックスヴィルに墜落した。

これが「九・一一同時多発テロ」あるいは単に「九・一一」、「九・一一テロ」と呼ばれている事件だ。四機の乗員・乗客全員が犠牲になった。その総数二四六人。国防総省の職員らで犠牲になったのは一二五人。貿易センタービルでは二六〇二人が犠牲になった。この中には消防士三四三人、警察官二三人、港湾管理委員会の職員三七人も含まれている。一般人の避難の誘導、救助に当たっていてビルの崩壊により犠牲になった人たちだ。

ブッシュは速やかに国家非常事態宣言を発令して、すべての州兵、予備役兵を動員して今後起こりうるテロに備えた。国境を封鎖し、すべての空港を厳戒態勢下に置いた。国内の民間航空機の飛行を禁止し、国際便のアメリカ国内への飛行も禁止した。

アメリカ史上最大の国内テロとその対策となった。政府は管制塔で録音されていたハイジャック機のコクピット内の会話、また当該機の客室乗務員から各航空会社になされた電話での状況報告などを検討した結果、このテロがオサマ・ビンラディンの率いるテロ組織「アルカイダ」によるものと断定した。そして、彼が潜伏していると思われたアフガニスタンに身柄の引き渡しを要求した。

ブッシュは翌日、事態をアメリカに対する戦争と結論して、反撃のための「対テロ戦争」に突入すると発言した。国連も速やかに反応した。総会は加盟国一八九カ国が一致して、テロ攻撃に「国際協力」するべきだと宣言した。国連安全保障理事会も、このテロを「国際平和及び安全に対する脅威」と認め、「あらゆる手段を用いて戦う」と宣言した。これを受けるかたちでNATOが、その機構の基盤である北大西洋条約に基づいて集団的自衛権の発動を決め、アメリカと共同歩調を取ることを宣言した。さらに、オーストラリアも太平洋安全保障条約の集団的自衛権の発動要件に当たると声明した。対テロ戦争に向けての国際的結束が構築されていった。湾岸協力会議のアラブ諸国もテロを非難した。

一九七八年にアフガニスタンに共産党政権が樹立された段階で、ムジャヒディンという武装勢力が蜂起し、政権打倒に動き出した。七九年のソ連軍の侵入はこのムジャヒディン勢力を抑え込むためだった、効果を上げられず、八九年に撤退した。ソ連軍の撤退によって、それまで団結していたムジャヒディンが内部での勢力争いを始め、全土に軍閥が生まれることになった。国内は混乱する一方だった。

ところがパキスタン軍の支援を受けていた武装勢力、タリバンが次第に優勢になり九〇年代半ばには国土の大半を制圧・支配するようになった。タリバンはイスラム原理主義を旨とし、そのために国際テロを標榜していたビンラディンとアルカイダを国内に保護して、テロリストの訓練キャンプなどを提供していた。このタリバン政権を承認したのは、パキスタン、サウジアラビア、アラブ首長国連邦の三国だけだった。タリバン以外のムジャヒディン勢力は「北部同盟」を組織して、徹底的に抗戦を続けることになった。

二〇〇一年九月一八日にアメリカ議会は上下両院の合同決議を採択した。上下両院で投票に参加した五一九名の議員の中で反対したのは一名という圧倒的な多数による決議だった。「テロを計画、承認、実行、支援したと大統領が判断した国家、組織、個人に対して、必要かつ適切なあらゆる力を行使する権限を大統領に与える」という内容だった。実質的に、アルカイダへの武力行使を全面的に容認した。

そして、国連の安全保障理事会も九月二八日、テロ対策としてすべての国に、テロリストに対する厳罰化や情報交換、また資金援助の禁止などと措置をとることと、その報告を義務化し、さらに一一月二八日にはついにテロを「全国家と全人類に対する挑戦」とする非難声明を出した。

一〇月七日、「有志連合諸国」と銘打ったアメリカ、イギリス、フランス、ドイツなどの国々はアフガニスタンへの空爆を開始した。ラムズフェルド国防長官が「人類史上最大の連合」と呼んだ圧倒的な軍事力のために一一月一三日、彼らが支援するかたちとなった北部同盟軍が首都カブールを制圧した。タリバン勢力は粉砕され、一二月七日その政権は崩壊した。短期間での戦闘終結だった。ドイツのボンに国連が集めた北部連合などのアフガニスタン国内の勢力の代表たちによって、暫定政権の成立などが合意された。一二月二二日にハーミド・カルザイを議長とする暫定政府が設立された。

テロ組織撲滅のため、アメリカの陸軍と空軍の二万人が駐留を続けることになった。アフガニスタンをタリバン政権から解放することには成功したものの、ビンラディンを捕縛するには至らなかったが、ブッシュの支持率は九〇パーセントを越えた。アメリカ国民は大統領をほぼ完璧に支持したのだった。驚異的な支持率だったが、国民のテロに対する憤りと衝撃の強さを物語っていた。

この高い支持率を維持できれば、ブッシュは輝く大統領として歴史に残ることになっただろう。だが、ニューヨーク市への思わぬ攻撃、しかもニューヨーク市の象徴的建造物だった貿易センタービルの完全崩壊に直面した彼は感情的になり、冷静な判断が出来ない心理状態に陥ってしまっていたのだろう。

そう判断せざるをえない最初が、二〇〇二年一月の一般教書演説だった。この中で「イラク・イラン・北朝鮮」の三国は大量破壊兵器を開発し保有する「ならず者」だとして、三国を「悪の枢軸」と呼んで非難したのだ。イラクのフセイン大統領の追放を目指した父親のやり残した仕事という個人的な思いもあったのかもしれないが、国民にするとまた「新しい戦争」という嫌な予感が芽生えることになった。

そんな国民の感情を無視してイラクに対して強硬姿勢を示し、何とか国連の査察を受け入れさせた。この結果として、大量破壊兵器を隠し持っているという報告を受けたブッシュはこれを世界に公表し、イラクへの武力攻撃の必要性を訴え続けた。

二〇〇二年三月一七日にサダム・フセインに対して四八時間以内の国外退去を求める「最後通牒」をつきつけた。だが、フセインがこれを無視したため、三月一九日にイラクに戦闘をしかけた。イラク戦争と呼ばれたこの戦いはついにバグダッドを陥落させ、五月一日にブッシュは戦争の終結を宣言した。

フセインは彼を狙った空爆にも関わらず、逃げ回ったが、ついに一二月一三日に身柄をアメリカ軍によって拘束された。二〇〇四年七月にイラクの法廷で在任中の反対派の大量虐殺などの罪で裁かれることになった。二〇〇六年一一月五日に一審で死刑が言い渡され、さらに一二月二六日の控訴審も一審を支持したため、一二月三〇日に絞首刑となった。

戦争終結後、イラクには核兵器を保有していた痕跡がなく、またそれを隠蔽していた痕跡もなかった。そのため、戦争自体の正当性が国際的にも問題になった。イギリスは戦争に参加したものの、フランス、ドイツ、ロシア、中国は攻撃の根拠が不足しているとして最初からアメリカの主張に疑問を提示していただけに、ブッシュの立場は揺らぐものになった。戦争はブッシュの間違った判断で始められたという非難が強まっていった。

二〇〇三年の七月一一日の報道では、彼の支持率は一気に五九パーセントにまで落ち込んでいた。イラク戦争の正当性は完全に疑問視されたのだった。

治安活動優先による不祥事と自然災害に負けたブッシュ

アメリカ合衆国がアメリカ合衆国であるために必要だとして通称「愛国法」と呼ばれるテロ防止法(反テロ法)を暫定的に成立させた。これは後に(二〇〇五年七月)に恒久化することにしたのだが、市民のプライバシーを大幅に制限して公安活動を優先させる「非アメリカ的」な政策だった。

こうした国内の治安活動優先のなかで、二期目に入ると国家安全保障局に大統領権限によって不法な盗聴を黙認させていたこと、テロ関係者や彼らと少しでも接触した疑いのある外国人を令状なしに連行・収監し、自白を得るための拷問がCIAおよびFBIによって行われていたことなどの不祥事が次々と発覚した。

ブッシュの支持率はさらに低迷した。二〇〇五年八月二九日、ニューオーリンズを直撃したハリケーン・カトリーナが過去最大級の被害をもたらした。自然災害だけにブッシュの責任ではないものの、災害時に最も必要とされる州兵がイラクに派遣されていたこと、テロに重点を置きすぎて自然災害への対応を疎かにしていたこと、堤防保全などへの予算が不十分だったことなどがブッシュの責任として次第に問題にされていった。

一一月の支持率は『ニューズウィーク』誌の調査では三六パーセントの低水準になっていた。

翌年の中間選挙では上下両院を民主党に奪われ、完全に指導力を失ってしまった。それでも、民主党が多数を得たことで、ブッシュは移民問題の解決に乗り出した。メキシコなどからの不法移民が社会問題化していたために、彼は国境の警備を一段と強化する一方で、すでにアメリカ国内にいる「不法移民」たちには多少の条件をつけるものの「永住権」を得る機会を与え、「就労」の機会も保証して、準アメリカ市民として経済活動などに貢献してもらおうという画期的な法案の成立を目指した。

だが、共和党側の徹底した反対と民主党の一部議員の反対とでついに上院で否決されてしまった。余りにも低い支持率の大統領は結局何もできないということだった。

それでも「落ちこぼれをゼロ法」や「バーチャースクールの発足」など教育改革の面ではそれなりの業績を残した。だが、最後まで支持率を回復することがなくホワイトハウスを去ることになった。父と息子は「不人気な大統領」という同じ評価を受けることになってしまった。

父親もクウィート奪還では高い支持を受けたものの、ハリケーンと地震にその支持を失うことになった。息子もイラク戦争で受けていた高い支持を、ハリケーンで失った。奇妙な符牒だ。

息子ブッシュは九・一一に振り回される形になったが、この事件はテロ組織アルカイダにとってアメリカを標的とした最初の攻撃ではなかったのだ。

一九九三年二月二六日、ニューヨーク市の世界貿易センターの地下駐車場で、アルカイダの一味が爆弾を破裂させた。事件直後に犯人は国外逃亡してしまったために身柄の確保までは時間がかかったが、アルカイダと関係するラムジ・ユセフという実行犯が特定された。六人が死亡し、一〇四〇人が負傷している。建物が崩壊することはなかったが被害は大きかった。

一九九六年にはサウジアラビアに駐在する米軍の基地が爆破されている。二年後の九八年にはケニアとタンザニアのアメリカ大使館が爆破された。この時、国連安全保障理事会はビンラディンとアルカイダを名指しでアフガニスタンに引き渡しを要求する決議をした。アメリカを標的とする彼らの活動は明白だった。

二〇〇〇年にはイエメン沖のアメリカ海軍の軍艦コール号に襲撃をしかけた。この時もアフガニスタンには国連安保理事会からテロリストの引き渡し要求が出されたが、タリバン政権はこれを無視、そのために経済制裁を受けることになった。

つまり、すでにアメリカがアルカイダのテロの標的になっていたことは、クリントン政権の時に明白だったのだ。したがって、クリントンがもっと的確に報復処置をするなり、国連安保理の実効性があるとは思えない措置に委ねるのではなく、アメリカとしてもっと明確な対応をしたり、、次のテロ攻撃に対しての防衛態勢を整えたりしていれば、九・一一は防げたかもしれないのだ。

歴史に「もし」を語っても意味はない。だが、九・一一への明らかな前兆があっただけに、クリントンは責任から逃れられないはずだ。

最初の戦後生まれの大統領は執務室で「浮気」をするような、それでいて議会に譲歩することなく政府の機能停止を引き起こすような男だった。戦後生まれの二人目は、思いこんだことに必死に努力する点では評価できるし、学力の低い児童生徒や不法移民という弱者に目を向けるなど父ブッシュが目指した「やさしい国」を実現しようとしたことも評価できる。だが、戦後生まれの特色か、イラク攻撃に反対する諸外国の声を無視し、議会内からのもっと確かな情報を集めろという声も無視して、攻撃を実行してしまったことは取り返しのつかない大失態だった。自分の思いと異なる意見に妥協点を見出すのではなく、自分に固執してしまう点はクリントンと同じだった。それが結局は二〇〇八年二月二〇日発表の支持率一九パーセントという史上最悪の記録を残すことになってしまったのだ。

「二つのアメリカ」——理想を掲げたバラク・オバマ

そのブッシュに代わり、共和党のベテラン上院議員ジョン・マケイン候補に大差をつけて勝利したのがバラク・オバマだった。

オバマはクリントン、ブッシュのベビーブーム世代が中学時代、ちょうどケネディが大統領に就任した年（一九六一年）に生まれた。

父親はケニア生まれの黒人、母親がアメリカ国籍を持つ白人という異人種間結婚の長男としてハワイ州（彼が産まれる二年前に州になったばかりだった）のホノルル市内の病院で産声をあげた。二年後両親が離婚したために、母親と暮らすが、母親アン・ダナムがインドネシア人と再婚したため六歳から一〇歳までをジャカルタで過ごした。ところが、母親はまた離婚。そのため、オバマは母方の祖父母と暮らすためにホノルルに戻り中学・高校生活を送った。

ちなみに、オバマの実父は交通事故で一九八二年に亡くなるが、彼と母親のアンはそれぞれ数回の離婚・結婚を繰り返すという複雑な結婚生活だった。実父はケニア政府で働いたりしていたが酒癖が悪く、家庭では暴力が絶えなかったという。母親のアンは人類学者となり、フィールドワークで家にいることは少なかった。結果、オバマは母親の両親、つまり白人の祖父母に育てられたと言える。当然、白人の価値観や思考法を共有することになった。複雑な家庭環境だっただけに、本人が自伝で明らかにしたように、高校時代にすでに飲酒、喫煙、そしてマリワナを経験したのも頷ける。

オバマが大統領選挙に出ると、その皮膚の色が問題になった。黒人初の大統領になる可能性が論じられると、彼は本当のアメリカ黒人ではないとの批判が出された。アメリカ黒人、つまり奴隷の経験や、奴隷から解放された後も続いた非人間的な処遇や、一九五〇年代の公民権運動など、黒人家族の苦難や労苦を共有していないというのだ。父親が黒人でもアメリカ人でないために、アメリカ黒人の歴史を共有していない、と指摘されたりした。しかし、これはオバマ自身の責任でもないし、彼が産まれて三年後には「一九六四年公民権法」が成立して、アメリカ社会が革命的な変化をしていたのだから、公民権運動の苦労も知らないという批判は的外れだった。

本来、オバマは黒い肌ではあっても白人との混血なのだ。黒人の血が一滴でも混じったら、皮膚が白くても黒人だ、とされた時代ならいざ知らず、混血なのだから史上初の「混血大統領」というのが正しいのだろう。現代的な表現を使えば「ハイブリッド」大統領なのだ。

オバマはロサンゼルスの歴史あるオクシデンタル大学に入学、のちにニューヨークのコロンビア大学に編入してここを卒業した。出版社に勤務した後、シカゴに移り地域振興の活動をする。貧困地区の人たちのよろず相談だ。その後、ボストンのハーバード大学のロースクールに進み、卒業後シカゴ大学のロースクールの講師となった。さらに貧困地区救済の活動家弁護士として活躍した。

一九九二年に弁護士事務所で知り合ったミッシェル・ロビンソンと結婚した。彼女はシカゴ南地区で生まれ育った、つまり根っからのスラム街育ちの俊才だった。

一九九六年、イリノイ州上院議員の補欠選挙に勝利して、二〇一四年まで州上院議員として活動した。

二〇〇四年に彼は、上院議員選挙で圧勝して、晴れて史上三人目の「黒人」上院議員となった。その四年後には大統領候補となり、そして当選して第四四代大統領に就任することになるのだから、まさにトントン拍子の「出世」だった。

二〇〇四年の夏、ボストンで開かれた民主党全国党大会の二日目(七月二七日)に重要な基調演説を任されることになった。州レベルの政治家に与えられる役目としては異例だったが、この時、全国にテレビ放送された壇上で、自らの生い立ちを語り、そして肌の色に問題のある自分が今あるのは、「すべての人は平等に造られ……生命、自由、そして幸福追求の権利」を創造主によって与えられているという独立宣言があり、その独立宣言を実現しようと努力しているアメリカ合衆国があるからなのだ、と語った。そして、「リベラルのアメリカも保守のアメリカもない——ただ『アメリカ合衆国』があるだけだ。黒人のアメリカも白人のアメリカもない――ただ『アメリカ合衆国』があるだけだ。イラク戦争に反対した愛国者も、それを支持した愛国者もない――みな、同じ『アメリカ人』なのだ」と感動的な演説を行った。

このテーマは四年後の大統領選挙でくり返されるテーマとなったし、大統領就任演説のテーマにもなった。みな同じ「アメリカ人」の叫びは、イリノイ州に一人のすばらしい黒人政治家がいるという強い印象を党大会の会場にいた人たち、そしてテレビの前にいた全国の国民に与えることになった。この演説が彼を短期日のうちに大統領にまで押し上げたのだと言えるだろう。

オバマを支えた「最後のケネディ」――悲願の健康保険制度

上院議員になった彼が本会議場で与えられた席はあのロバート・ケネディの席だった。そして、その席に座った「基調演説」の新人を最も歓迎したのが、奇しくもそのロバートの弟のエドワード・ケネディだった。一九八〇年の大統領選挙時にカーターに挑戦したあのケネディだ。

このケネディは、上院議員だった兄ジョンが大統領になったために空席となった議席を守るため六二年の選挙に立候補して当選、翌年六三年から四二年間議席を守って来ていた。後に書いた回想録によると、オバマ上院議員が登場した頃から昔を懐かしみ、次世代のことを気にしだしている。七三歳という年齢のせいか、自分のおそらくはもう長くない議員生活の次を誰に託するのかを真剣に考え出していたと思われる。

そのケネディがオバマに関心を持った。それは兄ロバートの席に座ることになったというだけではなく、民主党全国大会での演説がやはり大きく影響していたからだった。あの会場で、彼は次を託すことが出来る政治家を見つけたと感じていた。本当に弱者に対する思いやりの心を持っている男だと感じたからだ。エドワード・ケネディにとって、政界からの引退の前にどうしてもやり遂げなければならないことがあった。それは国民保険制度の確立だった。

アメリカでは健康保険に関しては、私企業の保険会社の存在が公的保険制度の樹立を阻んでいた。しかし、高い保険料を支払えるのは特定所得以上の層に限られる訳で、低所得層は病気になったら死ぬしかない、が現状だった。大統領になった兄も、そして大統領になろうとして暗殺された次兄ロバートも、最大の関心を抱いていたのがこの健康保険問題だった。兄ジョンの力で老人のためと低所得者のための医療補助制度が計画され、その設立に向けて動き出し、ジョンソンのときに立法化した。たが、それは公的保険制度としては不十分だったたし、次第に国家財政も圧迫し始めていた。レーガンの頃からの財政均衡の叫びのなかで、常に減額の対象とされ、また制度そのものの必要性の再検討が求められたりしていた。

そこで国民健康保険制度が注目された。出来るだけ少ない保険料で、公の機関が取り扱う制度だ。一時期レーガンもその必要を訴えたことがあった。クリントンと息子ブッシュもかなり真剣にこの制度を立法化しようとした。しかし、保険会社側からの強い抵抗と、自分の健康は自分で守ればよいとする伝統的な考え方を保持する人たちからの反対によって、彼らは中途で投げ出していた。

上院議員として、味方が得られないなか、この制度の樹立のために地道な努力をしていたのがエドワード・ケネディだった。彼は大切なのは「アメリカ人」なのだというオバマの考えこそが、国民健康保険を支えるものになるはずだと感じたのだろう。オバマに接近しながら、この問題に向けて、彼の関心を高めていった。

したがって、二〇〇八年一月二七日に姪のキャロライン・ケネディをはじめとする多くの親類に囲まれながら早々にオバマ支持を表明し、本格的にオバマの選挙を支援する、それもある意味ではケネディ家をあげて応援する態勢を整えるほど彼に期待し、自分の願いを託したのだろう。

だから、オバマは大統領選挙戦を通じて、国民健康保険制度の確立を自分の政権の一大目標として掲げたのだった。この問題を選挙公約とすることは本来なら避けなければならないことだった。保守派を完全に離反させることになるし、保険会社が相手候補に相当な額の資金援助をするのが明白だからだ。だが、オバマは積極的にこの問題を訴えた。アメリカ人すべてが、裕福だろうが貧乏だろうが、将来の医療費を心配することなく安心して暮らせるアメリカを作る。当たり前すぎる訴えだった。

ケネディ家の支援がオバマ当選の最大要因だったことは明白だった。ヒラリー・クリントンとの厳しい指名争いに勝ったのも、ケネディが民主党員を結束させたからだし、国民はおそらくオバマの後ろにケネディを見ていたからだろう。

そのエドワード自身は二〇〇八年五月二一日に大きな仕事を成し遂げていた。この日、ブッシュ大統領が「遺伝情報差別禁止法」に署名したからだ。科学の進歩が個人の遺伝子を詳細に記録することができるようになった。その結果、特定の遺伝子を持つ人たちが、雇用や昇格、結婚など日常生活の多くの場面で差別されることになった。遺伝子を差別の要因としてはならない、というのがこの法律だが、この法制化のためにエドワード・ケネディは一〇年以上も地道な努力をしていた。これが成立したのは議員生活のなかでも、特別感慨深いものだっただろう。上院では反対ゼロ、下院での反対票も一票だけだった。

実はその四日前、五月一七日に彼はボストンの病院で「悪性脳腫瘍」の緊急手術を受けていたのだ。幸いにも完全に腫瘍は取り除けた。議員たちは特別な思いで投票した。ケネディにすれば、文字通り自分の命と引き換えの法律だった。

二〇〇八年八月の民主党の全国大会には、医者の反対を押し切ってまで出席して、オバマ支持を訴えた。手術から三カ月ほどだったが、彼の衰えは明らかだった。

二〇〇九年一月二〇日のオバマの就任式の日。式典の後の昼食会場で発作を起こした。病院での診察は「過労」だったが、陰でオバマの選挙を支えながら回顧録の執筆に集中していたことが原因だったのかもしれない。その後、体力は回復せず、ついに八月二五日、帰らぬ人となった。当時、上院では二番目の長老議員だった。

公約の健康保険制度の確立――だが、「ティーパーティ」という反対勢力の出現

オバマは二期目に入ったものの厳しい批判に晒され、ティーパーティというような得体の知れない勢力からの猛烈な反対に遭っている。一つの原因が健康保険制度、世にオバマ・ケアと呼ばれている制度の導入であり、イラクなどの外交面がもう一つの批判原因だ。

だがオバマ・ケアとして批判の対象になる国民健康保険制度は、彼が大統領選挙戦の一大公約として掲げ、選挙運動中に強く訴えていた問題だった。国民の六人に一人が医療保険に入っていない、あ

るいは入れないという事態はどう考えても異常だった。

オバマはこの公約を真っ先に実現すべく政権発足直後から積極的に動いた。二〇〇九年はほとんどをこの問題に費やしたと言ってもよい。一一月七日に下院が二二〇対二一五の僅差だったが、オバマの言う医療改革に賛成投票した。一カ月遅れだったが、一二月二四日、上院はそれこそクリスマス返上の異例の本会議を開いて、下院案とは違いがあるものの、六〇対三九で改革に賛成した。二つの法案の調整がなされたが、結局上院案を優先するかたちで決着がつき、二〇一〇年三月二一日に下院が二一九対二一二のきわどい票差だったが上院案を承認した。三月二三日、オバマが署名することで、ついにアメリカに国民健康保険制度が初めて確立したのだ。

余談だが、この日、エドワード・ケネディの次男で下院議員だったパトリック・ケネディがアーリントン国立墓地に眠る父親の墓前に小さな花束と「パパ、とうとうやったよ」というメモを手向けたという。

医療保険そのものに反対する勢力、保険会社などからの激しい反対は予測されてはいたが、これまでの政権が成し遂げられなかったこと、そして選挙公約の一番にあげていた大変な改革を成し遂げたのだった。この点は高く評価してよいはずだ。

たしかに、最終的には他の先進諸国に見られるような国民健康保険ではなかった。また、保険料が強制徴収という形になったこと、保険料徴収に保険会社が介在することなど、反対しようとすれば反対の理由はいくらでもあった。だが、オバマはとりあえず議会の決定を受け入れた。

保険料が強制徴収という点はまだ法律自体が執行されないうちに、複数の州や団体から訴訟が起こされた。だが、最高裁が二〇一二年六月三〇日に合憲と判断し、国民の保険加入を強制し、保険料支払いを強制することには問題がないとした。

ゼロから出発するわけだし、既存の利害関係も存在するなかで制度を作っていかなければならないとすれば、最初から完璧な制度はありえない。実際に、コンピューターを使っての国民の保険加入申請や保険料支払いが始まった時点で、多くの不具合が生じた。それでも、こうした不都合な点、不具合な点は時間をかけて修正していけばすむわけで、それによってより完璧な制度に近づけることができるはずだ。それを、少しの欠点があるからといって、すぐに廃案にしろというような要求を突きつける反対派の在り方こそ、本来は問題とされるべきなのだ。

忘れてはならないのは、貧乏人は病気になったら死ねばよい、という冷たい社会が変わる可能性が初めて生まれたことだ。それもオバマという一人の大統領の熱意と献身的な努力によって生まれたという点なのだ。

この法が成立した段階で、急に「反オバマ」勢力が出現した。ティーパーティと自分たちを呼ぶ集団が、この法律の撤回を求め出したのだ。オバマは選挙で当選したら法制化するとした選挙公約を実現しただけなのだから、何を今更という感じだった。だが、彼らは急速に勢いを増した。そして、撤回をするためには議会の構成を変える、つまり共和党多数の議会を作ると宣言し、自分たちの仲間を候補としたり、自分たちに同調する政治家を候補として選挙戦に送り込み、また法の成立に協力した共和党議員たちを予備選挙で落としてしまうという戦略に出た。

これが二〇一〇年の中間選挙で大きな影響力を発揮した。下院で彼らの要求に従う共和党員を多数送り込むことに成功し、共和党が下院を奪還する原動力となった。上院も議席を増やし、民主党に肉薄した。

それからのアメリカ政治の状況は周知のとおりだ。二〇一三年には予算審議を巡り、健康保険法の撤回は一時的に諦めたものの、医療費補助やその他の福祉関連の予算を大幅に削減することが争点となり、ついにクリントン政権時代と同じように政府機能の停止状態を生み出してしまった。この時、予算不成立だと起きてしまうかもしれない債務不履行の危険もあったが、ティーパーティの勢いに押された共和党はただただオバマに反発し、互いに妥協点を探ることさえしなかった。

さすがに最後は共和党の穏健派が立ち上がって、国家としての最悪の事態は避けることができたが、いわゆる「オバマ・ケア」という健康保険制度の大幅な改革への反発の根強さを見せつけることになった。

ティーパーティというのは本当に健康保険制度に反対しているのだろうか。第三者的に見れば、アメリカがやっと国民に目を向けた政治をするようになったわけで、たしかに全員が保険加入を強制されるかもしれないが、それは長い目で見れば自分たちの利益になることだと分かるはずなのだ。ところが、彼らはそういう「理性」を失っているとしか思えない反発を示している。

「黒人大統領」を誕生させることには寛容な態度で余裕を示すことができた一部の国民が、その恐らくは心の底で軽蔑していた黒人が、これまでの大統領の誰一人手を付けることのできなかった大改革を、成し遂げてしまったことに驚き、反発しているのだ。つまり、彼らは「人種偏見」を持っている人たち、あるいは悪く言えば「人種差別主義者」なのだ。

人種を口に出したり、表現したりしてはならない、とは分かっている。だが、結局は自分たちの大統領が「黒い肌」であることに我慢ならない――そういう人たちが、誰が呼びかけたのかはっきりしないほど自然発生的に生まれたティーパーティなるものに飛びついたのだろう。彼らの集会には「黒い肌」がほとんど見られないことも、隠れた真実を語っていると思われる。

だからこそ、彼らはオバマのすることには、何でもすべて反対なのだ。


もう一点、オバマは選挙戦でブッシュが始めたイラク戦争を批判した。そして、公約としてイラクからの撤退とアフガニスタンからの撤退をあげた。大統領就任後、多少、軍部との調整があったものの、イラクとアフガニスタンからの撤退を軌道に乗せた。アメリカの撤退がイラクでの新しい混乱やアフガニスタンでの混乱を生じたために、ティーパーティらの超保守派と共和党の一部は、オバマの失政として彼の外交を批判した。

エドワード・クラインなる評論家は『アマチュア』(*The Amatuer*)というタイトルの本を出版して、オバマ外交を徹底的にこき下ろした。

しかし、健康保険の場合と同様、オバマがイラクやアフガニスタンからの撤退を表明したとき、多くの国民は賛同していたはずだ。ブッシュ政権の末期、国民の多くはイラク戦争を始めたとして彼を非難し、そのために彼の人気は低迷した。だからこそ、オバマは、アメリカ外交の在り方を改めて考えなおす意味でも、無駄な軍事行動はしないという方針を明確にした。反対派が主張するように、オバマが父親のイスラム教を信じているからではない。世界の警察官として世界の紛争に介入することはもう辞めようというのがオバマの考えだ。ベトナム戦争終結から今日まで、アメリカはいかに「無駄で、無意味な」戦いをしてきたことか。オバマ再選には、彼とこの点で共通した意識を持つ国民が多くいたことが明白に示されているはずだ。

アメリカ国民としてはただ反対を叫ぶのではなく、これからのアメリカの世界における地位について、その役割について落ち着いた、真剣な議論をするべきときなのだ。

オバマの足を引っ張るクリントン夫妻

オバマ政権の第一期目に国務長官としてオバマ外交を担っていたヒラリー・クリントンが二期目に政権外に出ると、途端にオバマ外交を批判し、イラクからの撤退は大失敗だと発言した。これなど実にひどい話で、政権内で自分が最も関わった分野に関して、政権から出たところで批判する——自らの責任は全く無視して大統領だけを批判する、という非常識な行為だった。

そもそもオバマ政権の足を引っ張っているのはクリントン夫妻だ。夫ビルが大統領を辞めるとき、夫婦は近い将来に次は妻ヒラリーがホワイトハウスに戻って来ると誓った。夫妻が書いたそれぞれの著作によると、結婚前からビルは明確にホワイトハウスを目標にしていたという。

実際にホワイトハウス入りを果たすと、二人は「その次」、つまり妻が女性初の大統領になることを考えた。その次までの準備と自分たちの野望を隠すため、そしておそらくは夫の大統領最終段階での大きな躓きとの距離を取るために、後継者であるべき妻は上院議員となった。一期六年は最低の義務として。そして八年後、最低人気の息子ブッシュにより民主党に勝機が生じた二〇〇八年、満を持して立候補し、最有力候補者として当初から好調な選挙運動を展開していた。

だが、まだ上院議員として三年しか活動をしていない「新人」オバマが急速に支持を伸ばし、そしてヒラリー支持を誓っていたはずのキャロライン・ケネディを横取りし、後ろにいるケネディ家をすっかりと取り込んで、あっという間に指名を奪い去り（往生際悪く最後まで諦めなかったヒラリーは自らが招いたことだったが、民主党大会で大恥をかいた）、ホワイトハウスの住人となってしまったのだ。

クリントン夫妻の夢を奪った男がオバマだった。彼らにすると「許すわけにはいかない男」だった。二人の夢を実現するには、元大統領としての力を党内に維持しておかなければならない。そのためには、オバマの人気を落とす必要があった。オバマの失政をアピールするのだ。オバマの成功は後継者選びの際に彼の影響力が党内に残ることになる。彼がヒラリー支持をするとは思えない——二〇〇八年の予備選挙での対立は互いの心の底に大きな「わだかまり」を生じさせていた。

オバマは、その就任時に愛読していたというドリス・カーン・グッドウィンの *Team of Rivals*（平岡緑訳『リンカン』中央公論新社。同『リンカーン』中公文庫）が取り扱っていた第一六代大統領の政権作りを真似た人事をした。リンカンは自分の政敵や互いの意見を異にする者たちを政権内に取り込んで、国民からより幅広い支持を得られるようにした。南北戦争直前という危機にあって「挙国一致政権」を構築したのだ。

オバマも、二〇〇八年の選挙時の民主党予備選挙での大きな対立、そして自分が黒人であることから生じる可能性のある障害を乗り切るためにも、ヒラリーを政権入りさせた。彼女はなぜかこの要請を受けた。国民から忘れられないようにするため、そしてさらに勘ぐれば、オバマを内部から牽制して成功させないようにするために、国務長官という、彼女の将来に役立つ「職務」を引き受けたのだった。

アフガニスタンの撤退も、イラクからの撤退も、そして議会内を二分した健康保険制度の導入も、夫ビル・クリントンは外からオバマを批判し続けた。政権内の多くの意見を無視して勝手なことをしている「独裁者」としてのイメージまで作り上げようとした。

いずれにしろ、二〇一四年夏現在の状況では、夫婦は直接のコミュニケーションを欠きながらも、秋の中間選挙終了時に早々に次の大統領選挙へのヒラリーの出馬を表明するつもりだという。同じ政党の大統領が難題を解決する努力をしているときに……ジョンソン大統領が最低の人気だった一九六八年の大統領選挙でさえ、民主党の大物政治家たちは敢えて大統領に対決するような姿勢は示さなかった。ユージンン・マッカーシーのような「小物政治家」は別として。

オバマは外からは人種偏見を隠れた武器に真正面から何でも反対するティーパーティとその影響を受け過ぎた共和党、そして民主党内ではクリントンによる邪魔と引き落とし行為という二つの大きな障害のために、支持率が上がらない状況が続いている。

あと二年半の任期のなかで何ができ、またどこまで支持率が高まるのかは静かに注目していかなければならないだろう。二〇一四年の中間選挙の夏までの予備選挙段階では、ティーパーティの支援する候補者が予想外の落選をし、また勝ったとしても相当の苦戦を強いられている。本選挙での絶対勝利は暗雲のなかだ。そのため、共和党主流派がやっと目を覚まして、超保守派との関係を整理しはじめている。中間選挙の結果によっては、オバマの最終期は彼にとってはもっとやりやすい状況になるかもしれない。

クリントン夫婦は二人共、血管に障害を持つことが明らかになった。頻繁に脳震盪を起こすような健康状態のヒラリーが本格的な選挙戦を戦えるのか、また彼女がもし大統領になったら、という問題も彼女の出馬が公式になれば、もっと大きな問題として扱われるようになるだろう。

戦後教育世代の可能性と弱点を持つ政治家

オバマが大きな支持を得たときがあった。二〇一一年五月二日、パキスタンの北東部にある小さなアボッターバードに潜伏していたビンラディンを、アメリカの特殊部隊が殺害したときだ。当日、アメリカでは午後一一時を回る頃だったが、現地からの報告を受けたオバマは、一一時半過ぎにホワイトハウスのイーストルームから全国に向けてテレビ演説した。時間的には異例の演説となった。この中で、ビンラディン殺害を報告したオバマは、「正義はなされた」と言明した。九・一一以来一〇年間探し求めた「テロの総元締」をここに葬り去ったのだ。

アメリカ国内はもちろん、国際的にもテロ沈静化を可能にする(かも知れない)大きな成果だった。

オバマも戦後教育を受けた。白人の祖父母に育てられた黒人、でも黒人としてのアイデンティティを得るために父親に対して痛ましいほどの愛情と尊敬を捧げる——その父親はアル中と家庭内暴力のために親類中が軽蔑する男なのだが——しかない生き方だった。そんなオバマが社会の階段を上っていくには相当に強い自己、強い自意識を持っていたことだろう。だから、議会とはどうしても対立するし、特に一期目は健康保険の問題でも、議員たちと個別に折衝したり、交渉したり、ましてや本来は求められているはずの議会指導者たちの意見を求めたり、指導を求めたりもしなかった。

その意味ではまさにベビーブーム世代の一員でもある。これからの最終段階で彼が他人と妥協することができるようになれば、好転している経済状態が後ろ盾となって、退任が惜しまれる大統領になる可能性はあるはずだ。国民健康保険制度と米軍の撤退と、ビン・ラディンの殺害と、国内・国外の政策で革命的な業績をあげた稀有な大統領であることはまちがいないのだから。

終章

アメリカを理想に近い国にする。世界に理想に近い平和をもたらす。

一九六一年に登場したケネディ大統領の思いだった。彼はそのために国内の人種問題、貧困問題を語り、ソ連との共栄共存を求めていった。人を月に送るという夢を国民に語り、そして国民一人一人が自分の夢を持ち、その夢を実現させることでアメリカ社会が、そして世界がよくなると語った。同時に、経済的な利益や社会的な地位や名声などよりも、人の役に立つこと、人の人生や生活を助けることがずっと重要なのだ、と新しい「生き方」を若者たちに説いた。

折から経済状態が好転したこともあって、人々はこの呼びかけに応じた。自分たちの生き方を改めて考え、自分たちの心の叫びを聞こうとした。「平和部隊」に飛び込んで行った若者、社会奉仕の道を選んだ者がいた。医者のいない僻地に、あるいは世界各地の未開発地で数年間を過ごしに出かけて行った若い医者たちがいた。また、親たちが押し付ける「常識」を否定し、それに逆らうことに、むしろ本当の人間としての生き方があるのだとして「既設」の価値を否定した者たちがいた。ヒッピーなどはその最たる者たちだろう。そして経済発展よりも自然環境を守り、生活環境を守ることの方が大切なのだと気付いた人たちもいた。

社会が決めた生き方を選ぶのではない。人それぞれが自分で自分の生き方を、自分の人生を決めるべきなのだ。社会が決めた価値があるわけではない。生きるための価値は自分たちが決めればよい。ケネディはただ政治家として存在していたわけではなかった。多くの人たちに自分の人生を考えさせ、そして彼らの人生観を変えたのだ。一つの時代の精神的指導者として存在していたという一面もあった。

これが六〇年代のエネルギーを生んだ。動乱の六〇年代、混乱の六〇年代とも言われているかもしれない。しかし、個々人が人間として、自分自身が正しいと信じる道を行く、信じる人生を歩んで行く。これが社会を動かし、世界をも変えるエネルギーになった。人が常に充実感を感じて生きていける、自分の夢と目標に向かって全力を投入できるエネルギーになったのだ。

ジョン・F・ケネディというひとりの男の恐ろしいほど強烈な遺産だった。

いまから数年前に流行したSMAPの「世界に一つだけの花」ではないが、自分は自分、この世の中にたった一人なのだという認識は、六〇年代の人々にとって新鮮だった。

そんな花は、六〇年代が終わろうとするとき、アメリカ国内で、そして世界で枯れていった。

結局は経済的な発展(G7などという枠組みを考えてみてほしい)が結局は最も大切なのだ、富と社会的な地位が結局は大事なのだ。それには高い学歴と「一流企業」を目指す方が無難なのだ。よい人生が生きられるのだ、となってしまった。個性や個々の人生などは意味がなくなってしまった。時代は変わっていった。それはアメリカも、世界も、自分たちの夢を託せる場所ではなくなってしまったから、そして自分たちのひとりの努力では、結局何もできないことを思い知らされてしまったから。

六〇年代のあのエネルギーは消滅してしまっていた。

ケネディの後、大統領は国民や世界の人々に「明日の姿」を見せることができない政治家ばかりになった。ジョンソンがベトナムに固執してしまったことは残念だったが、それでも彼は「偉大な社会」でアメリカの将来を語っていた。副大統領として共に時間を過ごしたケネディの精神を少しは理解していたからだろう。

だが、それ以後の大統領は自分の利益だけ、目先の問題解決だけに神経をすり減らすような政治家ばかりだった。「明日」のアメリカや世界を語ることがなかった。国民を動かしたかのようなレーガンでさえ、「明日」は語れなかった。

彼らを選んだのが国民だから、枯れた花を選んだ国民に責任があったのは確かだが、枯れた花しか選ぶ花がなかったというのもまた事実だ――花を望む国民、花になろうとする国民がいなくなっていた現実が原因であった。

そんな中で、アメリカは「アメリカ人」のためにある。アメリカ人は皮膚の色、思想、宗教、学歴などに関係なく「アメリカをよくしようとする者」がみなアメリカ人なのだ。だから、アメリカ人としての意識の中でアメリカをよりよくしていこう、と叫んだのがオバマだった。そのためには、一人一人がそのつもりで努力する必要がある。でも、その努力が社会を変える。「イエス、ウィ キャン(Yes, We Can!)」の叫びだった。

ケネディとはアプローチが異なるかもしれない。しかし、国民に前を向いて、不可能を可能にするエネルギーを与えようとした点では、共通しているのだ。このエネルギーが世界に多大な影響を与えると判断した結果が、現役大統領初のノーベル平和賞になった。

アメリカにまた花は咲いたのだろうか。あの二〇〇八年のエネルギーは燃え続けているのだろうか。それとも、オバマが咲かそうとした花は、結局は蕾のまま枯れてしまうのだろうか。

あと二年間のオバマのアメリカはどうなるか。「ウィ　キャン」に同意した「アメリカ人」は何を残すのか。大いに注目していく必要があるだろう。


最後に、あえてケネディという一族を考えてみたい。本書の「はじめに」でも触れたように、二〇一三年がジョン・F・ケネディ大統領の暗殺五〇周年だった。彼の特集記事が多くの雑誌で組まれ、六〇年代前半の彼の政権の意義や彼の人生などが改めて検証され、論じられた。同時に、多くの出版社が写真集を出した。

二〇一四年八月一八日には雑誌『*People*』が大統領の長男ジョン二世の未発表の写真を含む六ページの特集を組んだ。一五年前に飛行機事故で同時に死亡したジョンとその妻キャロリンが、生前のある時、嬉しそうに抱擁し合う写真が表紙を飾った。

現実に「ケネディ」がいまだにアメリカ国民に強く意識されている証だろう。アメリカ国民に、いや世界中の人びとに絶大な影響力を持っていたときに、突然暗殺されてしまったケネディ大統領が、もし生きていたら……は、愚問だと分かっていてもやはり考えたくなる人も多くいるのだろう。

特にケネディ神話というようなものがあるとすれば、それはケネディ大統領、弟のロバート、そして末弟のエドワードという三兄弟がそれぞれ八年づつホワイトハウスに入り、連続二四年間の「ケネディ王朝」を作るかもしれないと盛んに語られたことに起因している。兄から弟に、その兄の掲げる理想は松明のように受け継がれていくはずだ、というのが同時代を生きた多くの人びとの思いだった。

その夢はロバートが殺されたことで半分は失われた。それでも最後のアンカーとしての松明の受け手と期待されていたエドワードは余りにも不注意な事故で一人の若い女性を溺死させてしまった。この実に情けない出来事で、表舞台で松明を掲げる資格をほぼ失ってしまった。ケネディ大統領の夢と理想は、それを高く掲げていく直接の後継者を失ってしまったのだ。

それでも簡単に諦めがつくわけではない。たった三年間のケネディがホワイトハウスにいた日々の活力と栄光とが余りにも強烈だったから。彼の呼びかけで、皆が夢をみる花になれたから。多くの人びとは次の世代のケネディに何かを望んできた。ケネディの時代が神話化されたのかもしれないが、その神話を守り続けてきたのだ。

大統領の夫人ジャクリーンはすでに亡くなった。彼女と大統領の間には四人の子供がいた。そのうち一人は死産、一人は誕生直後に死亡したため、成長した子供は二人——長女キャロラインと長男ジョン二世だ。長男ジョン二世は地方検事を務めたあと雑誌『ジョージ』を立ち上げ、社主兼編集長として活躍していた。国民の多くが近いうちに政治の道にと期待していたとき、そして彼の妻キャロリンが「きっと、すごいことになるわ」と選挙戦を語るようになっていたときに、従妹の結婚式に向かう自家用飛行機が墜落した。二人とも帰らぬ人となった。一九九九年七月一六日のことだった。

彼の個人秘書で、雑誌立ち上げのときから常に一緒だったローズマリー・テレンジオが、二〇一二年に*Fairy Tale Interrupted*（未訳）という本を出版した。彼女によると、事故死の前にはジョンがかなり真剣に政界入りを考えていたという。大統領の「直系」だっただけに、そしてそれ故に、「松明」の当然の受け手だっただけに衝撃的な死だった。

その姉のキャロラインは長いこと公の場に姿を現さなかったが、オバマの支援のために叔父エドワードと一緒に、おそらくは初めて、公式の舞台に立った。以後、脳腫瘍のために体力を失っていく叔父と共に姿を見せる機会が多くなった。

オバマの候補指名が確実視されていく過程で、彼女が副大統領候補になるのではないかと期待を込めて推測された。最終的にはオバマの依頼で、副大統領候補を選定するための委員の一人となった。その後、叔父の死後、その議席を継ぐために上院議員選挙に出るとも目されたし、おそらくは本人にもその気はあったのだろうが、最終的には「家族」を選んだ。

だが、オバマの二期目に入った二〇一三年、第四〇代駐日大使として任命され、着任した。彼女自身の今後には、(一)大使の任期終了後、政界入りをする——それもニューヨーク州からの上院議員を視野に入れている、(二)長男ジョンを政界入りさせる、の選択肢があるだろう。長男はまだ大学生だが、それだけにその将来には、大統領直系の孫として国民の期待は大きい。

キャロラインの二人の娘(ジョンの姉たち)に政界入りの可能性がないわけではないだろう。だが、祖母ローズに特に可愛がられ、それ故に大きな影響を受けたとされるキャロラインとすると、父大統領を妹たちが「ケネディ・ガールズ」として支えた逸話を、より重視するのではないかと推測される。やはり今後注意すべきは長男ジョンの動向だろう。

大統領の弟ロバートには一一人の子供がいる。そのうち四番目で三男のディヴィッドと四男のマイケルは夭逝した。七番目の三女メアリー・ケリーは現在のニューヨーク州知事であるマリオ・クオモの前妻だった。現在は、アムネスティ・インターナショナルの副議長を務めている。

二女のコートニーは二度の離婚をしているが、国連のAIDS基金の代表を務めたりして社会福祉関連の仕事に携わっている。

その長女、キャサリーン・ケネディ・タウンゼントは一九九五年から八年間メリーランド州の副知事を務めた。早くから政治に関心を持ち、アメリカ初の女性大統領を目指していたとも言われている。そのためのステップとして二〇〇二年の州知事選挙に出た。世論調査では圧倒的な人気を誇っていたが、このことが災いして本選挙で落選した。今後の動向は不明だが、現在五八歳、もともとの夢である大統領を目指す可能性がないわけではないだろう。

現在、女性初の大統領として最有力候補であるヒラリー・クリントンは二〇一六年の次の選挙では七〇歳。果たして、国民は本当にこの高齢者に国政を託す可能性があるのだろうか。その意味では、タウンゼントをはじめ、他の女性たちにより大きなチャンスがあると思われる。

ロバートの長男、ジョセフ・パトリック・ケネディ二世は一九八七年から一二年間、連邦の下院議員として将来を嘱望されていた。しかし、一九七三年、二〇歳のときに起こしていた自動車事故を理由に議員を辞めた。同乗していたバム・ケリーという若い女性が事故の後遺症の全身麻痺状態から回復しない、がその理由だった。現在は実業家として活動している。

彼の長男、つまりロバートの孫であるジョセフ・パトリック・ケネディ三世が二〇一二年の下院議員選挙に当選、現在ケネディ家ただ一人の連邦議員なっている(二〇一四年の中間選挙で、彼は難なく再選を果たした)。

ロバート・ケネディの八番目の子供で五男のクリストファー・ケネディは現在シカゴにある一族の財源のひとつである「マーチャンダイズ・マート」の会長を務めている。オバマが大統領になって空席となった上院議員の席を狙うのではないかと噂されたものの、ケネディ一族を支える財源を管理する実業家としての生活を選んでいる。

ロバート・ケネディが暗殺されたときにまだ母親の胎内にいた一一番目の子、四女のロリー・エリザベス・キャサリーン・ケネディは現在ジャーナリストとして活躍している。まだ四三歳なので将来は不明だが、政界入りはなさそうだ。

大統領の末弟エドワードには一女二男がいる。長女のカラ・アンは二〇一一年に他界している。長男のエドワード・ムーア・ケネディ二世は一二歳のときに骨髄癌のため右脚の膝下を切除された。政治家向きの性格という評判だったが、肉体的なハンディから政界には興味を持っていないようだ。現在は実業家として活動している。(ところが、二〇一四年の中間選挙でコネティカット州議会の上院議員選挙に立候補し、当選を果たした。ハンディを克服しての公職生活での動向に早くも注目が集まっている。)

その弟パトリック・ジョセフ・ケネディ二世は一九九四年の選挙でロードアイランド州から下院議員として選出された。父親の晩年、常に彼のそばにいて助けていたが、父親が亡くなった後、二〇一二年の選挙には出馬せず、一市民の生活に戻った。今後の復帰がないわけではないだろう。

以上、大統領およびその弟たちの血筋で公的な活動をしている者、あるいは将来政界入りをはたせそうな者たちを挙げてみた。

その他、大統領の妹たちの関係でみると、大統領の三番目の妹、ユニースの夫サージェント・シュライバーが大統領のときに平和部隊の責任者となり、また七二年マクガヴァンの副大統領候補となった。ユニース自身はスペシャル・オリンピックスの創始者となった。彼女の次男のティモシーが現在母親の遺志を継いで、スペシャル・オリンピックス国際本部長を務めている。長男のロバート・S・シュライバー三世はカリフォルニア州サンタモニカ市の市議を務めているが、これ以上は望んでいないようだ。ちなみに、ユニースの長女マリアが俳優で、元カリフォルニア州知事のアーノルド・シュワルツネッガーと結婚していたが、二〇一一年夫の不倫が原因で離婚した。

以上の他にも、いわゆるケネディ一族の「第五世代」(大統領の孫世代)と呼ばれる若者たちのなかに、一家の伝統を引き継いでいく者が出てくるのではないかと期待されている。エドワード・ケネディ上院議員がその遺書とも言える回想録のなかで、最後に「孫たちの世代」にわざわざ呼びかけていることも、その期待を大きくしている要因かもしれない。

あとがき

　個人的なことだが、私が世界の出来事に関心を持つようになったきっかけが、アメリカに現れた若い大統領ジョン・F・ケネディだった。彼とその家族の映像がテレビニュースに映るのを楽しみにしていた。一九六二年一〇月、中学三年のとき、キューバ危機が終わったことを伝えていたテレビの解説番組を真剣に見つめていたのを鮮明に覚えている。そして、翌年の彼の暗殺——このショックがアメリカに格別な関心を持つことにつながった。

　そして、いつの間にか、アメリカを研究対象とする仕事をしていた。五〇年に及ぶアメリカとの「付き合い」の中で、次第に一九六八年という一年間の特殊な存在が気になってきた。私が初めてアメリカの土地を踏んだ年ということもあったが、ケネディからジョンソンとリベラルな政策が「当たり前」のように受入れられていたアメリカに、突然、ニクソンという当時の私にとっては「超保守派」が大統領選挙に出馬し、そして勝った。リベラルの代表だったロバート・ケネディと公民権指導者マーティン・ルーサー・キング牧師が暗殺された。この年以後、アメリカは何か落ち着かない状態に陥った。自分が憧れたアメリカではなくなった気がした。

　この年をもう一度見直し、アメリカの変容のあとを辿ってみたいという思いが、『アメリカ

1968』（中央公論新社　二〇一二年）になった。自分のアメリカ研究の集大成という気持ちでの挑戦だった。

だが、その後、自分が見守ってきたアメリカをそのままに扱う必要があるように感じ出した。五〇年間のアメリカを振り返る、という大胆な試みだったが、考えれば考えるほど価値があることに思えてきた。同時に、六〇年代の代表的なフォークソングの「花はどこへ行った」を柱にすることを思いついた。

「花はどこへ行った／少女が摘んだ／少女はどこへ行った／男の下へ嫁に行った／男はどこへ行った／兵隊として戦場へ／兵隊はどこへ行った／死んで墓に行った／墓はどこへ行った／花で覆われた」と展開する歌詞は再び最初の「花はどこへ行った／少女が摘んだ」で終わる。

「ロング・タイム・パッシング（長い時が過ぎた）」をリフレインさせて、いつまでも戦争を止めない世界を批判した反戦歌だった。人間の愚かさを覚えやすいメロディと共に見事に表現していた。

ケネディ時代を「花」の咲いていた時代、明るく希望の持てる時代だとすると、アメリカは次第に混乱と苦悩に満ちた暗い時代に突入していった。誰がその花を摘んでしまったのか？　ベトナム戦争、グレナダ、湾岸戦争、そしてアフガン――大統領が変わるたびに、戦争に関わった。そして、ウォーターゲートにイラン・コントラ、さらには破廉恥なルインスキー事件と大統領はスキャンダルに巻き込まれた。

そんなアメリカに希望の灯が点されたのがオバマ大統領の登場だった。ケネディに次ぐ若い大統領、巧みな演説、強い正義感、そして明確な目標を掲げ、その実現のためには万難を排する強い意思――

そこに人々は夢と希望を見た。ケネディが月に人を送ったように、困難と思えることもやれば出来る、「イエス、ウィ　キャン」の叫び声にそれは集約されていた。

だが、オバマが健康保険制度の大改革で大きな花を咲かせた途端、ティーパーティなる不可解な勢力が出現した。その花を摘み取ろうというのだ。その勢力の名前の由来である「ボストン・ティーパーティ」（一七七三年一二月にボストン港に入港したイギリス商船を攻撃して、その積荷の茶箱を海に投げ捨てた事件。本国イギリスに反抗した植民地人の最初の武力行使）と異なり武力行使はしなかったが、共和党内に侵入して、健康保険制度（彼らはオバマ・ケアと呼んだ）を撤廃しないかぎりすべてのオバマ政策に反対するという無茶な行動に出た。彼らの勢いによって下院の過半数を獲得した共和党はこの無茶を受け入れていた。

そんな中、二〇一四年の中間選挙がやってきた。本書を完成させる途中の出来事だったが、大方の事前予想通り、共和党が下院で議席数を増やしただけでなく、上院でも過半数を占める議席を確保した。あと二年間のオバマ政権でのアメリカはどうなるのだろうか。花は完全に摘み取られてしまうのだろうか、が選挙結果での関心事だ。

この選挙の特色は共和党の大勝利であることは間違いない。だが、いくつか注目しなければならない事象があった。

ひとつは出口調査で「共和党に投票した人の四分の一が共和党の現状に不満」だというのだ（*The New York Times*, Kindle ed., Nov.6, 2014）。不満なのに共和党に投票したということは反オバマが生ぬるいから、もっと強行路線でいけ、という国民の思いを表している、ということだろう。共和党に不満なら民主党にというのが普通だからだ。とは言っても、不可解な投票傾向だ。

だが、二つ目の点だが、春からの予備選挙段階からティーパーティの候補が落選していたことだ。今回の本選でもティーパーティと関係を持つ候補者が落選していった。ということは、国民はやはり「反オバマ」一辺倒の彼らに辟易し、彼らの出現結果としての弊害だった議会の停滞と政府の機能不全という状態を解消してほしいと願ったのだろう。もう少し穏健な共和党員を議会に送り込むことで現状を打破しようとしたのだろう。

ティーパーティの影響で今回は落選するかもしれないという事態に陥っていた上院院内総務のジョン・マッコーネルが辛くも議席を守った。二〇一五年の議会からは多数派の院内総務として上院で大きな力を発揮することになる彼も、健康保険制度は撤廃するのではなく、修正していくべきだと選挙直後に語っていた(*The New York Times*, 同右)。

一一月七日の大統領との会談では、最後に対決色を出したものの、最初は新議会では妥協を探ることを表明していたという(*The New York Times*, Kindle ed., Nov. 8, 2014)。

新しい議会が始まってみないことには、明確に結論づける訳にはいかないが、圧倒的な多数を得た共和党だからこそ、議会を政策を生み出す方向に変えていかなければならない。オバマとは対決するだけでなく、重要なところでは妥協していかなければならない。そうでなければ、二年後、共和党は大きなしっぺ返しを受けることになるからだ。

花を摘み取ろうとする勢力が今回の選挙で後退したことは、今後のアメリカにとってひとつの良い兆候だろう。オバマも少しは聞く耳を持つようになり、そして議会が妥協を探るようになれば、これまでとは異なるアメリカが出現することになるはずだ。ロング・タイム・パッシングだったかもしれないが「花」が再び咲くアメリカになって欲しい。そんな願望をもって、本書を閉じたいと思う。

最後になったが、本書完成にはいつもながらに彩流社の竹内淳夫社長にお世話になった。ここに感謝の意を表したいと思う。

また、夏休みを返上してパソコンに向かっていた私を、不満も言わずに支えてくれた妻にも、改めてありがとうと言いたい。

私の見たままの「アメリカ五〇年」。読者諸兄の忌憚ないご意見をお聞かせいただければ幸甚です。

平成二六年一一月初旬

土田　宏

参考文献

はじめに

Leuchtenburg, William E. ed. *Frontier and Section: Selected Essays of Frederick Jackson Turner.* Englewood Cliffs, N.J.: Prentice-Hall, Inc., 1961.　ここにあげた論文は本書第三章に全文掲載されている。

第1章

ＮＨＫ取材班、阿南東也著『十月の悪夢：１９６２年キューバ危機・戦慄の記録』日本放送出版協会　１９９２年

大島みち子＋河野実著『愛と死を見つめて　ある純愛の記録』ポケット版　だいわ文庫　大和書房　２００６年

ケンプ、フレデリック著　宮下嶺夫訳『ベルリン危機１９６１　ケネディとフルシチョフの冷戦』全二巻　白水社　２０１４年

高村暢児（編）『ケネディ演説集』中公文庫プレミアム　２００４年

山本和隆著『ケネディの遺産：ＪＦＫとニュー・フロンティアの時代』志學社　２０１３年

松岡完著『ケネディと冷戦　ベトナム戦争とアメリカ外交』彩流社　２０１２年

拙著『ケネディ――「神話」と実像』中公新書　２００７年

『ケネディ兄弟の光と影』彩流社　１９９２年

Dallek, Robert. *An Unfinished Life: John F. Kennedy, 1917-1963.* N.Y.: Little, Brown & Company, 2003.（ダレク著、鈴木淑美訳『未完の人生』松柏社　２００９年）

———. *Camelot's Court: Inside the Kennedy White House.* N.Y.: Harper Collins Publishers, 2013.

Dobbs, Michael. *One Minute to Midnight: Kennedy, Khrushchev, and Castro on the Brink of Nuclear War.* N.Y.: Alfred A. Knopf.

2008.（マイケル・ドブズ著　布施由紀子訳『核時計　零時1分前　キューバ危機13日間のカウントダウン』日本放送出版協会　2010年）
Harrington, Michael. *The Other America: Poverty in America*. N.Y.: Macmillan, 1962.
Kennedy, John F. *Profiles in Courage*. N.Y.: Harper & Brothers, 1956.（下島連訳『勇気ある人々』日本外政学会　1958年）
Public Papers of Presidents: John F. Kennedy. 3.vols. DC: the United States of America Government Printing Office, 1964.
Terenzio, Rosemarie. *Fairy Tale Interrupted: A Memoir of Life, Love, and Loss*. N.Y.: Gallery Books, 2012.
Kennedy, Robert F. *Thirteen Days: a Memoir of the Cuban Missile Crisis*. N.Y.: W.W. Norton, 1967.（ロバート・ケネディ著　毎日新聞社外信部訳『13日間：キューバ危機回顧録』中公文庫プレミアム、2001年。2014年に改訂版）

第2章

大嶽秀夫著『ニクソンとキッシンジャー』中公新書　中央公論新社　2013年
カーター、ジミー著　日高義樹監修　持田直武・平野次郎・植田樹・寺内正義訳『カーター回顧録』全2巻　日本放送出版協会　1982年
関西テレビ編『フォード回想録　私がアメリカの分裂を救った』1979年
クハルスキイ・D著　柳生望訳『ジミー・カーターの世界　南部人の精神構造』ヨルダン社　1977年
田久保忠衛著『戦略家ニクソン　政治家の人間的考察』中公新書　1996年
ニクソン、リチャード著　松尾文夫・斎田一路訳『ニクソン回顧録』全3巻　小学館　1978年
バーンスタイン、カール＋ウッドワード、ボブ著　常盤新平訳『大統領の陰謀　ニクソンを追いつめた300日』立風書房　1974年
拙著『アメリカ1968　混乱　変革　分裂』中央公論新社　2012年
Caro, Robert A. *Means of Ascent: The Years of Lyndon Johnson*. N.Y.: Vintage Book, 1990.
Ehrlichman, John. *Witness to Power: the Nixon Years*. N.Y.: Pocket Books, 1982.

Evans, Rowland & Novak, Robert. *Lyndon B. Johnson: the Exercise of Power.* N.Y.: Signet Books, 1966.
Goodwin, Doris K. *Lyndon Johnson and the American Dream*. N.Y.: St. Martin's Press, 1976.
Gould, Lewis L. *1968: The Election That Changed America.* Chicago: Ivan R. Dee. 1993.
Johnson, Lyndon B. *The Vantage Point: Perspectives of the Presidency 1963-1969*. N.Y.: Holt, Rinehart and Winston, 1971.
McGinniss, Joe. *The Last Broher: The Rise and Fall of Teddy Kennedy.* N.Y.: Pocket Books, 1993.（マクギニス、ジョー著　拙訳『最後のケネディ　テディの栄光と挫折』彩流社　１９９６年）
Mazlish, Bruce. *In Search of Nixon: A Psychohistorical Inquiry*. Baltimore: Penguin Books, 1972.
The New York Times, ed. *The White House Transcripts*. NY: Bantam Books, Inc. 1974
O'Neill, William L. *Coming Apart: An Informal History of America in the 1960's*. Chicago: Quadrangle Books, 1971.
Reich, Charles A. *The Greening of America.* N.Y.: Random House, 1970.
Schlesinger, Arthur M. Jr. *The Imperial Presidency*. N.Y.: Houghton Mifflin Co. 1973.
Sheehan, Neil; Smith, Hedrick; Kenworthy, E.W. and Butterfield. Fox. *The Pentagon Papers: the Complete and Unabridged Series as Published by the New York Times.* Chicago: Quadrangle Books, 1971.

第3章

オニール、ティップ著　鬼頭孝子＋土田宏訳『下院議長オニール回想録：アメリカ政治の裏と表』彩流社　１９８９年
河野博子著『アメリカの原理主義』集英社新書　集英社　２００６年
佐藤隆三著『ミー時代のアメリカ　「私」優先社会の危機』日本経済新聞社　１９８２年
土志田征一著『レーガノミックス　供給経済学の実験』中公新書　１９８６年
渡辺靖著『アメリカン・コミュニティ　国家と個人が交差する場所』新潮選書　２０１３年
Bush, George. *All the Best: My Life in Letters and Other Writings.* N.Y.: Scribner. 1999.
Gillespie, Ed. & Schellhas, Bob, ed. *Contract With America: The Bold Plan by Rep. Newt Gingrich, Rep. Dick Armey and the House*

Republicans to Change the Nation. N.Y.: Times Books, 1994.
Morris, Edmund. *Dutch: a Memoir of Ronald Reagan*. N.Y.: Random House, 1999.
Noonan, Peggy. *What I Saw At The Revolution: A Political Life in the Reagan Era*. N.Y.: Ivy Books, 1990.
Reagan, Michael. *The New Reagan Revolution: How Ronald Reagan's Principles Can Restore America's Greatness*. N.Y.: St. Martin's Press, 2010.
Reagan, Ronald. *An American Life: the Autobiography*. N.Y.: Simon & Schuster, 1990.
Viguerie, Richard A. *The New Right: We're Ready to Lead*. N.Y.: Viguerie Company, 1981.
Warner, Judith & Berley, Max. *Newt Gingrich: Speaker to America*. N.Y.: Signet Books. 1995.

第４章

Anderson, Christopher. *Bill and Hillary: the Marriage*. N.Y.: William Morrow and Company, 1999.
Coulter, Ann. *High Crimes and Misdemeanors: the Case against Bill Clinton*. DC: Regnery Publishing, Inc., 1998.
D'Souza, Dinesh. *Obama's America: Unmaking American Dream*. N.Y.: Regnery Publishing, Inc. 2012.
————.. *The Roots of Obam's Rage*. N.Y.: Regnery Publishing Inc. 2010.
Dionnne, E.J. Jr. & Kristol, William. *Bush v. Gore: the Court Cases and the Commentary*. DC: Brookings Institution Press, 2001.
Greenberga, Stanley B. *The Two Americas: Our Current Political Deadlock and How to Break It*. N.Y.: Thomas Dunne Books, 2004.
Kennedy, Edward M. *True Compass: a Memoir*. N.Y.: Twelve, 2009.
Klein, Edward. *Blood Feud: The Clintons vs. The Obamas*. DC: Regnery Publishing , Inc. 2014.
————.. *The Amateur*. N.Y.: Regnery Publishing, Inc. 2012.
Kuttner, Robert. *Obama's Challenge: American Economic Crisis and the Power of a Transformative Presidency*. White River Junction, Vermont: Chelsea Green Publishing, 2008.
Mansfield, Stephen. *The Faith of George W. Bush*. Florida: Charisma Books, 2003.

Maraniss, David. *First in His Class: the Biography of Bill Clinton.* N.Y.: A Touchstone Book, 1995.
Morris, Dick. *Behind The Oval Office: Getting Reelected Against All Odds*. Los Angeles: Renaissance Books, 1999.
Morton, Andrew. *Monica's Story.* N.Y.: St. Martin's Press, 1999.
Noonan, Peggy. *The Case Against Hillary Clinton*. N.Y.: Regan Books, 2000.
Obama, Barack. *The Audacity of Hope. Thoughts on Reclaiming the American Dream.* N.Y.: Crown Publishers, 2004.
Smith, Dennis. *Report From Ground Zero: the Story of the Rescue Efforts at the World Trade Center*. N.Y.: Viking, 2002.
Wolffe, Richard. *Renegade: The Making of A President.* N.Y.: Crown Publshers, 2009.

雑誌記事

the Vanity Fair, June, 2014.
Berman, Matt. "The Prince and I."
Lewinsky, Monica. "Shame and Survival."

the People, August 18, 2014
McNeil, Elizabeth. "John & Carolyn Truly, Madly, Deeply."

※彩流社発行の関連書籍

ギトリン、トッド著　疋田三良＋向井俊二訳『６０年代アメリカ　希望と怒りの日々』１９９３年
キャロル、ピーター著　拙訳『７０年代アメリカ　何も起こらなかったかのように』１９９４年
油井大三郎編『越境する一九六〇年代　米国・日本・西欧の国際比較』２０１２年

【著者】

土田　宏

…つちだ・ひろし…

1947年、茨城県生まれ。上智大学外国語学部英語学在学中にニューヨーク市のFordham大学に編入、72年に同大を卒業後、New School for Social Researchに進学して74年に修士課程を修了（MA取得：専攻アメリカ政治）。帰国後、上智短期大学講師・助教授を経て、93年より城西国際大学国際人文学部教授。

著書：『幻の大統領——ヒューイ・ロングの生涯』（彩流社、1984年）、『ケネディ兄弟の光と影』（彩流社、1992年）、『秘密工作　ケネディ暗殺』（彩流社、2003年）、『リンカン——神になった男の功罪』（彩流社、2009年）、『ケネディ——「神話」と実像』（中公新書、2007年）、『アメリカ１９６８』（中央公論新社、2012年）

訳書：『ベスト・エヴィデンス——ケネディ暗殺の虚実』（全2巻：デイヴィッド・リフトン著、彩流社、1985・86年）、『ケネディ——時代を変えた就任演説』（サーストン・クラーク著、彩流社、2006年）などアメリカ政治関係のもの多数。

フィギュール彩㉕

アメリカ50年《ねん》　ケネディの夢《ゆめ》は消《き》えた？

二〇一五年一月二五日　初版第一刷

著者——土田　宏
発行者——竹内淳夫
発行所——株式会社 彩流社
〒102-0071
東京都千代田区富士見2-2-2
電話：03-3234-5931
ファックス：03-3234-5932
E-mail：sairyusha@sairyusha.co.jp
印刷——（株）明和印刷
製本——（株）村上製本所
装丁——仁川範子

ISBN978-4-7791-7028-7 C0322

http://www.sairyusha.co.jp